推进"一带一路"建设工作领导小组办公室　指导

一带一路

大数据报告

2018

国家信息中心"一带一路"大数据中心　著

《"一带一路"大数据报告》（2018）编委会

感谢丝路国信大数据技术有限公司、北京国信宏数科技有限责任公司、成都数联铭品科技有限公司（BBD）、北京中联润通信息技术有限公司为本书提供的数据支撑和技术支持。

序　言

　　2013 年秋天，习近平总书记提出共建"一带一路"倡议，为改善全球经济治理和构建人类命运共同体贡献了中国智慧和中国方案。五年来，我国坚持共商、共建、共享原则，不断扩大与"一带一路"国家的合作共识，推进"一带一路"建设逐渐从理念转化为行动，从愿景转化为现实，从谋篇布局的"大写意"走向深耕细作的"工笔画"新阶段，取得了令人瞩目的成就。目前，我国已同近百个国家和国际组织签订了 100 多份共建"一带一路"合作文件，一批重大项目开花结果，贸易与产能投资合作不断深化，金融服务领域合作日益加强，人文交流逐步扩大。中国正在同"一带一路"共建国家一道，秉持丝路精神，践行构建人类命运共同体的庄严承诺。

　　国家信息中心作为推进"一带一路"建设的重要智力支撑机构，紧密配合推进"一带一路"建设工作，发挥大数据分析和资源汇集优势，持续开展常态化监测分析，先后完成 60 多份"一带一路"专题大数据分析报告，并提出了基于大数据技术的"一带一路"建设情况评估方法体系，连续三年开展跟踪评估并发布综合性年度报告。2018年以来，国家信息中心积极创新，深入探索，进一步完善了国别、省区市、智库、媒体等评估维度，新增了投资环境和数字丝路畅通度两个指数，多维度、全方位用数据及时反映、分析、评估"一带一路"建设进展与成效，取得一系列新的研究成果，并在此基础上结集出版了《"一带一路"大数据报告》（2018）。

　　相信本书的出版，能够为国内外各界了解、参与"一带一路"建设提供更为丰富的信息。希望国家信息中心持续加强"一带一路"建设数据汇集、分析研判和服务决策的能力建设，基于"一带一路"

大数据中心和国家"一带一路"官网平台，努力打造更多的优质产品和服务，为推动"一带一路"建设走深走实、行稳致远做出积极贡献。

推进"一带一路"建设工作领导小组办公室

2018 年 7 月

目 录

下篇 地方专题

Contents

Contents

一带一路

上篇　总报告

从"大写意"到"精工笔"：大数据显示 "一带一路"建设进入全面实施新阶段

2017年，首届"一带一路"国际合作高峰论坛成功举办，"一带一路"建设成果举世瞩目。党的十九大胜利召开，"一带一路"写入党章，充分体现了在中国共产党领导下，中国高度重视"一带一路"建设、坚定推进"一带一路"国际合作的决心和信心。2018年恰逢中国改革开放40周年，也是"一带一路"倡议提出五周年，"一带一路"建设逐渐由宏观描绘"大写意"进入到深度雕刻"精工笔"的新阶段。放眼未来，"一带一路"前景看好，但任重道远。要准确把握共建"一带一路"进入全面实施新阶段的新形势新任务，高质量高水平推进"一带一路"建设，更需乘势而上、未雨绸缪，推动"一带一路"走深走实、行稳致远。

2013年9月和10月，中国国家主席习近平先后提出共建"丝绸之路经济带"和"21世纪海上丝绸之路"（以下简称"一带一路"），得到国际社会的高度关注和有关国家的积极响应。五年来，中国秉持"和平合作、开放包容、互学互鉴、互利共赢"的丝路精神，坚持共商、共建、共享原则，不断扩大与"一带一路"国家①的合作共识，推动"一带一路"建设逐渐从理念转化为行动，从愿景转变为现实，在多个方

---

① 本报告所涉及的"一带一路"国家为2018年5月中国一带一路网（www.yidaiyilu.gov.cn）上"各国概况"所列的71个"一带一路"国家。

面均取得了新突破，打开了新局面，推动"一带一路"建设进入全面实施的新阶段。

一、精耕细作，"一带一路"倡议的国际影响力达到新高度

五年来，"一带一路"朋友圈越来越大，全球 100 多个国家和国际组织积极支持和参与"一带一路"建设，联合国大会、联合国安理会等重要决议也纳入"一带一路"建设内容，特别是以首届"一带一路"国际合作高峰论坛成功举办和党的十九大召开为契机，"一带一路"倡议的国际影响力进一步提高。

（一）国际社会对"一带一路"倡议关注度持续走高

五年来，国外媒体和网民对"一带一路"始终保持高度关注（见图 1），倡议的顶层规划及重大里程碑事件均成为全球舆论关注焦点，例如《推动共建丝绸之路经济带和 21 世纪海上丝绸之路的愿景与行动》发布（2015 年 3 月）、《关于推进国际产能和装备制造合作的指导意见》出台（2015 年 5 月）、亚洲基础设施投资银行（以下简称"亚投行"）成立（2015 年 12 月）、"一带一路"国际合作高峰论坛召开（2017 年 5 月）、"一带一路"写入党章（2017 年 10 月）等重大时间节点均引发全球舆论的关注高峰。其中美国、英国、俄罗斯、印度和韩国最为关注（见图 2）。

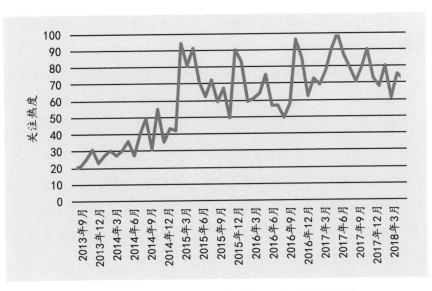

图1 国外媒体和网民对"一带一路"的关注趋势

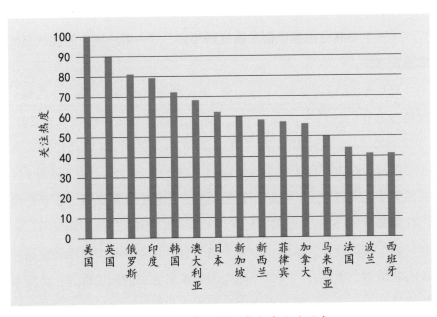

图2 对"一带一路"最为关注的国家

（二）"一带一路"朋友圈进一步扩大，合作范围已经覆盖亚欧非拉

2017年3月，联合国安理会一致通过了第2344号决议，呼吁各国推进"一带一路"建设，并首次载入"构建人类命运共同体"理念，"一带一路"渐成国际共识。英国、法国、西班牙、意大利、瑞士、希腊、吉布提、肯尼亚等相关国家均明确表示支持或参与"一带一路"建设。美国、日本、欧盟也接连释放合作信号，拉美地区的33个国家一致赞同和支持"一带一路"倡议。2017年首届"一带一路"国际合作高峰论坛举办后，摩洛哥、巴拿马等国家纷纷与我国签署了"一带一路"合作备忘录，积极参与"一带一路"建设，"朋友圈"进一步扩大。在2018年1月冬季达沃斯论坛和2018年博鳌亚洲论坛等重要国际平台上，"一带一路"合作都成为各国代表热议的话题。

（三）与其他国家类似发展战略相比，"一带一路"的全球支持率遥遥领先

五年来，全球舆论对"一带一路"倡议的态度经历了"观望—质疑—支持—合作"的转变，对"一带一路"倡议的积极情绪占比由2013年的16.50%提高到2017年年底的23.67%（见图3），高出第二名全面与进步跨太平洋伙伴关系协定（CPTPP）7.29个百分点（见图4）。尤其是十九大以来，"一带一路"国家合作信心大幅提升，积极情绪占比攀升至32.50%（见图5），"一带一路"国家媒体和网民对"一带一路"充满期待，认为"一带一路"写入党章表明中国推动建设的决心和承诺，能够为"一带一路"国家带来更多的发展机会，希望本国能抓住合作机遇，吸引更多中国的投资和项目，以促进本国基础设施的改善和经济发展。

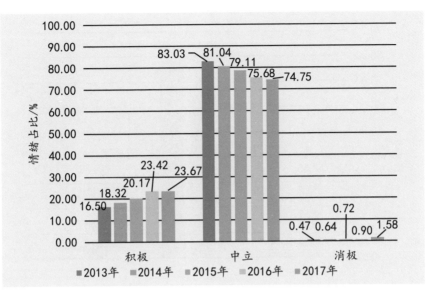

图3　国外媒体和网民对"一带一路"的情绪占比变化

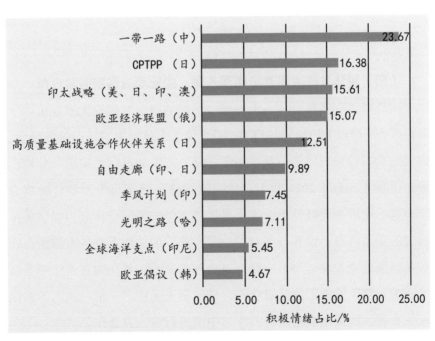

图4　国外媒体和网民对相关国家发展战略的积极情绪占比

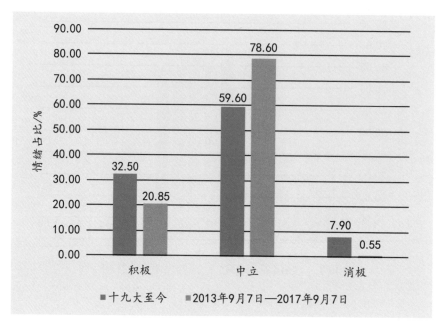

图5　十九大前后"一带一路"国家媒体和

网民对"一带一路"的情绪占比变化

（四）具体关注内容逐渐由浅入深、由宏观战略到务实合作

国外媒体和网民对"一带一路"倡议的报道和讨论大致经历两个阶段：第一阶段（2013—2015年），媒体大多就专家对该倡议的概念、内涵的分析等进行讨论，对"一带一路"产生的国际影响进行分析；第二阶段（2016—2017年），"一带一路"国家与中国签订经贸合作协议、中国企业海外重大投资进展等实务方面的合作成为媒体跟踪报道的重点内容。世界各国对"一带一路"的关注重点各有侧重，例如美国舆论更关注"一带一路"对全球的影响，英国则更关注中英在"一带一路"框架下的经贸合作，俄罗斯更关注"一带一路"下的国家关系等，欧美国家越来越关注与中国进行第三方合作。

（五）"一带一路"倡议也受到国内舆论的持续高度关注和广泛拥护

从热议话题看，国内媒体和网民对"一带一路"的关注主题逐渐丰富。"一带一路"提出后，国内媒体和网民的关注重点主要是丝绸之路经济带的意义、丝绸之路相关考古和文化旅游等内容；2014年对21世纪海上丝绸之路的讨论研究开始增多，比较关注福建等东南沿海省/自治区/直辖市（以下简称"省区市"）的参与以及与东盟国家的合作；2015年《推动共建丝绸之路经济带和21世纪海上丝绸之路的愿景与行动》发布，顶层设计明朗，国内讨论话题逐渐丰富，自贸区建设、跨境电商、亚投行成为主要讨论话题；2016年以来，对加强金融创新和资金支持、继续增强民心相通、"一带一路"评估和风险研究等的讨论声量逐渐增多，特别是加强金融创新和资金支持受到媒体和相关专家的普遍关注。

二、务求实效，"一带一路"互联互通合作取得新突破

据国家信息中心"一带一路"国别合作度指数测评结果显示：2018年"一带一路"国别合作度平均分为47.12分，较2017年上升2.01分，总体合作水平稳步提升，在多个领域取得重大突破。[①]

（一）政治互信不断加强，"一带一路"建设的政策环境进一步优化

"一带一路"倡议提出至2018年4月底，国家主席习近平对"一带一路"国家出访37次，有52个"一带一路"国家的元首访问中国

---

① 详见本书"'一带一路'国别合作度评价报告"的"总体评价结论"。

总计达 107 次，首届"一带一路"国际合作高峰论坛、G20 杭州峰会、博鳌亚洲论坛等成为我国与"一带一路"国家高层交往的重要平台。五年来，我国与塔吉克斯坦、匈牙利、以色列、埃塞俄比亚和马达加斯加等 30 个"一带一路"国家外交关系级别得到明显提升。我国与 53 个"一带一路"国家签署了政府间"一带一路"合作备忘录。2017 年，我国新签署约 50 份"一带一路"框架下的各类合作协议，占五年来已签署协议总数的近一半，其中战略、政策对接和经贸合作等类型的协议占比达 50%。

（二）铁路、港口项目及中欧班列发展迅猛，互联互通水平明显提升

自 2011 年中欧班列开行以来，其开行列数呈现爆发式增长态势（见图 6），截至 2018 年 4 月 5 日，中欧班列累计开行数量突破 7891 列，仅 2017 年就超过 3000 列，其中国内开行线路达 65 条，国内稳定开行中欧班列的城市增加到 43 个，到达欧洲 14 个国家 42 个城市。2018 年中欧班列将继续提高发班数量，预计将达到 4000 列。新亚欧大陆桥、中国—中南半岛、中蒙俄及中巴经济走廊基础设施建设推进加快，中泰铁路、中老铁路、匈塞铁路、阿联酋哈利法港、斯里兰卡汉班托塔港等重大合作项目相继取得突破。通信设施互联互通也在稳步推进，工信部数据显示，目前我国已与周边 12 个国家建成跨境陆地光缆系统，建成了 4 条国际海缆，正在扩容中哈，新建中阿、中巴以及"丝路光缆"等跨境光缆系统。

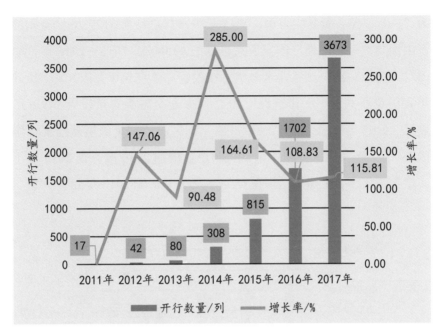

注：数据来源于大陆桥物流联盟公共信息平台。

图6 2011—2017年中欧班列开行数量及增长情况

（三）我国对"一带一路"国家贸易和投资总体保持增长态势，境外经贸合作园区收效良好，经贸合作持续深化

中国与"一带一路"国家贸易占中国对外贸易比重总体保持增长，增速高于中国对外整体增速（见图7、图8）。其中2017年我国对"一带一路"国家进出口贸易总额达14 403.16亿美元，同比增长13.45%，高于我国整体增速6.00个百分点，占中国进出口贸易总额的36.20%。中国对"一带一路"国家出口商品主要集中于机电类（含电机电气设备和锅炉机器等），2017年占中国对"一带一路"国家出口额的比重分别为23.23%、14.96%；而中国自"一带一路"国家进口商品主要集中于电机电气设备和矿物燃料，2017年占中国自"一带一路"国家进口额的比重分别为26.75%、23.62%；民营企业成

为"一带一路"贸易主力军，2017 年进出口总额为 6199.76 亿美元，占中国与"一带一路"国家贸易总额的 43.04%。2013—2016 年，中国对"一带一路"国家非金融类直接投资总体增长（见图 9）。2017 年我国企业共对"一带一路"59 个国家非金融类直接投资 143.6 亿美元。2017 年，我国在"一带一路"国家新增国家级境外经贸合作区 19 个，涉及国家新增 4 个，入园企业增加 2330 家，较 2016 年年底增长 2 倍多，上缴东道国税费 11.4 亿美元，较 2016 年翻了一番。

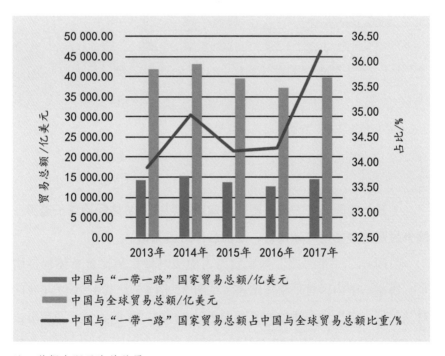

注：数据来源于海关总署。

图 7 2013—2017 年中国与"一带一路"国家和
与全球贸易总额及占比情况

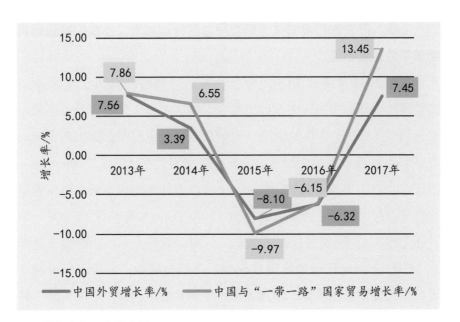

注：数据来源于海关总署。

图 8　2013—2017 年中国与"一带一路"

国家贸易增长率与中国外贸增长率对比

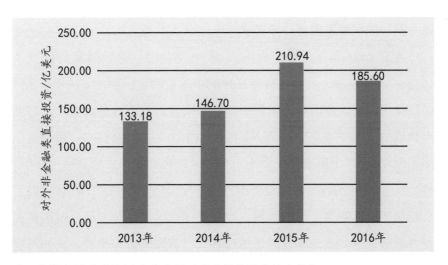

注：数据来源于《2016 年度中国对外直接投资统计公报》。

图 9　2013—2016 年中国对"一带一路"国家非金融类直接投资流量

（四）开发性和政策性金融支持力度持续加大，多双边投融资机制和平台发展迅速

截至 2018 年 4 月 30 日，亚投行成员总数增至 86 个，范围从亚洲扩展到全球，中国—中东欧银行联合体、中国人民银行与国际货币基金组织（IMF）合作的中国—国际货币基金组织联合能力建设中心等多双边投融资平台相继建立，6 家中资银行在 24 个"一带一路"国家设立分支等各类机构 102 家，3 家政策性银行和 5 家大型商业银行仍是海外布局的主力军。截至 2017 年年末，共有来自 21 个"一带一路"国家的 55 家银行在华设立了机构。此外，人民币跨境支付系统（CIPS）国家覆盖率已超过 50%，二期全面投产，进一步提高了人民币跨境资金的清算、结算效率。中国银联卡可在"一带一路"57 个国家使用，同时银联加快海外市场本地发卡进程，双向支持中国与"一带一路"国家的人员往来。

（五）科教文卫等多层次、多领域人文交流合作务实推进，"一带一路"的民意基础进一步夯实

截至 2018 年 4 月底，我国与 61 个"一带一路"国家共建立了 1023 对友好城市，占我国对外友好城市总数的 40.18%。"一带一路"倡议提出以来，我国与"一带一路"国家友好城市数量占对外友好城市数量的比例一直在 50.00% 以上（见图 10）。我国在"一带一路"国家设立了 17 个国家文化中心，孔子学院和孔子课堂分别达 173 所、184 个。截至 2018 年 1 月 18 日，与 27 个"一带一路"国家实现了公民免签或落地签，与阿联酋、塞尔维亚已实现互免签证，范围扩大到西亚等地区。此外，我国还通过各大已有国际合作平台，例如博鳌亚洲论坛、中国—东盟博览会等与"一带一路"国家进行友好交流；五年来我国还举办了大量专门针对"一带一路"的多层次、高水平、不同主题的文化交流活动，例如丝路电影节、丝路文物联合申遗展览、多个双边中国文化年等，进一步增进彼此的了解，增进民心相通。

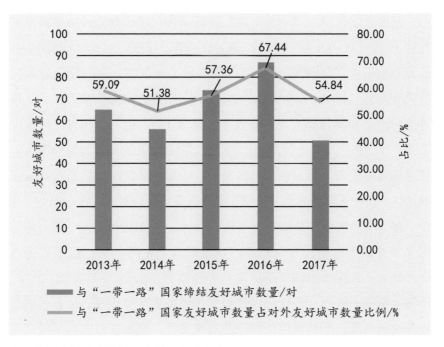

注：数据来源于中国国际友好城市联合会。

图 10　2013—2017 年我国与"一带一路"国家缔结友好城市数量

三、强化协同，初步形成陆海内外联动、东西双向互济开放新格局

"一带一路"倡议提出以来，我国各省区市紧紧抓住重要机遇，纷纷出台措施，精心谋划、超前布局，加强区域发展战略联动协调，深度对接和参与"一带一路"建设，我国区域协调发展的新格局正悄然形成。

（一）"一带一路"已经成为各地"十三五"和 2018 年"两会"谋篇布局的"重头戏"，各地参与"一带一路"的积极性和主动性显著提升

据国家信息中心"一带一路"省区市参与度指数测评结果显示：2018 年各省区市平均分为 61.39 分，广东、山东、上海、浙江、江苏分列前五。[①] 全国 31 个省区市均出台了推进"一带一路"建设的政策和规划，22 个（70.97%）省区市同国家发展改革委签署了《推进国际产能和装备制造合作协议》（见表 1），近一半的省区市设立了"一带一路"相关专项资金，93.55% 的省区市积极布局涉外园区。在对外贸易投资方面，东部地区是对"一带一路"国家贸易投资的主要地区，其中东部地区与"一带一路"国家贸易额最多，占中国与"一带一路"国家进出口总额的比重达 79.80%；西部地区与"一带一路"国家贸易额占本地区外贸总额的比重最高（见图 11）；西部省区市的投资水平和能力也在不断提升（见图 12）。在人文交流方面，北京、上海、新疆、陕西、海南等地积极发挥独特的区位优势，举办各类会议和交流活动，受到国内外舆论的高度关注。例如新疆实施了以乌鲁木齐为中心的"大会展"战略，举办了亚欧商品贸易、安防、食品、农产品等博览会；陕西连续举办多届丝绸之路国际博览会、丝绸之路国际旅游博览会和"一带一路"国际产能合作博览会等展会活动；福建福州、泉州等地围绕 21 世纪海上丝绸之路建设，积极培育 21 世纪海上丝绸之路博览会、中国（泉州）海上丝绸之路国际品牌博览会等经贸平台。

---

① 详见本书"'一带一路'省区市参与度评价报告"的"总体评价结论"。

表 1　与国家发展改革委签署产能合作协议的省区市情况①

序号	省区市	序号	省区市	序号	省区市	序号	省区市
1	河北	7	山东	13	吉林	19	福建
2	江西	8	江苏	14	浙江	20	新疆
3	湖北	9	河南	15	陕西	21	重庆
4	安徽	10	四川	16	湖南	22	内蒙古
5	云南	11	辽宁	17	广东	—	—
6	甘肃	12	广西	18	上海	—	—

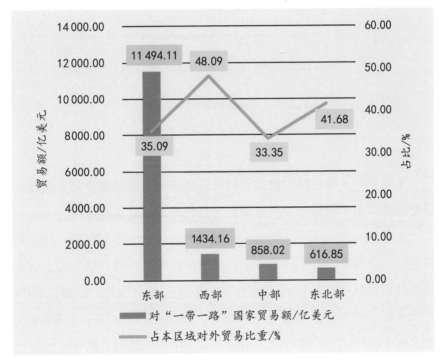

注：数据来源于海关总署。

图 11　2017 年四大区域与"一带一路"国家贸易额及

占本区域外贸总额的比重

---

① 按照签署时间顺序排列。

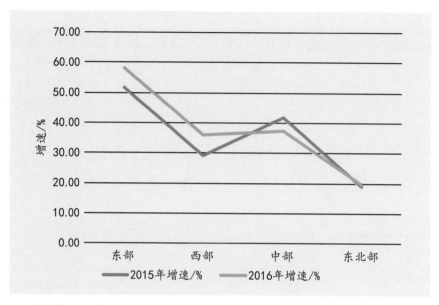

注：数据来源于《2016 年度中国对外直接投资统计公报》。

图 12　2015—2016 年四大区域对外投资增速比较

（二）"一带一路"建设正同长江经济带、京津冀协同发展战略紧密结合，东中西联动发展态势和全方位开放格局正在形成

随着"一带一路"建设加快推进，中西部地区正在逐步从开放末梢走向开放前沿。在东部沿海地区继续保持对"一带一路"国家合作优势的同时，西部地区的对外合作水平也在不断提升，例如在 2018 年"一带一路"省区市参与度指数中，四川位列第九名，较 2017 年提升七个名次，"一带一路"引领东部、中部、西部协同发展的重要性正在显现。一方面，通过中蒙俄、新亚欧大陆桥、中国—中南半岛等经济走廊建设，将京津冀地区与其他地区紧密联系起来，有效促进了沿海和内陆地区的联动发展，例如 2017 年西安—青岛快速铁路货运班列开行，该线路畅通了西安东向的海铁联运物流通道，实现中欧、中亚物流通道延展。另一方面，铁港、空港等多式联运发展及中欧班

列的开行打通了陆海联运、东西双向的物流通道，中西部地区的开放步伐进一步加快。2017年成都、重庆、郑州、武汉、西安中欧班列开行数量占到我国中欧班列开行总数量的75.6%。

四、乘势而上，推进"一带一路"建设走深走实、行稳致远

当前，国际和地区形势复杂多变，不稳定不确定因素增多，世界各国围绕利益、规则的地缘博弈日益激烈，"一带一路"所处的外部地缘环境和舆论环境多变，部分国家对"一带一路"的态度出现分化，外媒对"一带一路"的误解和质疑也时有发生，同时随着"一带一路"项目的密集落地，资金、人才、法律等综合保障的"短板"也日益凸显。为此，我们建议：下一步，要以习近平新时代中国特色社会主义思想为指导，认真落实首届"一带一路"国际合作高峰论坛成果，紧紧围绕构建人类命运共同体，准确把握共建"一带一路"进入全面实施新阶段的新形势新任务，凝聚各方共识，规划合作愿景，扩大对外开放，加强同各国的沟通、协商、合作，推动"一带一路"建设走深走实、行稳致远，更好地造福各国人民。

（一）以"一带一路"主要国家及域外大国战略对接为重点，深入推进发展战略对接和政策沟通，寻求利益契合点和合作最大公约数，凝聚各方共识，营造和平稳定的发展环境

一是以深化与俄罗斯的战略对接为核心，深入推进中蒙俄经济走廊建设，共建"冰上丝绸之路"，共促北极地区互联互通。二是以与其他"一带一路"国家战略合作为基础，与相关国家就国际格局以及各国国际战略保持充分沟通，尊重和照顾各国的核心利益和重大关切，

寻找利益契合点，探索不同战略合作机制。坚持互惠互利、共商共建共享的原则，与各国保持良好的外交关系，牢牢把握我国与其他国家合作发展的大方向，加强区域经济一体化建设，维护区域及全球的和平与发展。三是以与美、日、英、德、法等域外大国共同开发第三方市场为外延，充分发挥其在技术、管理及专业服务方面的优势，联合开拓第三方市场，促使这些国家从"一带一路"建设的旁观者转变为参与者和受益者。

（二）聚焦"六廊六路多国多港"主骨架建设，以重点地区、重点领域为抓手，大力推进关键项目及高峰论坛成果集中落地，切实增强民众"获得感"

一是以中国—东盟、中国—中东欧为未来合作重点，落实《"一带一路"建设海上合作设想》，与东盟国家开展港口建设、海洋环境保护、海洋经济发展等合作；加强并不断规范中欧班列运营，进一步优化布局，提高运营效率，并在中国—中东欧银行联合体等机构的金融支持下促进中国—中东欧国家领导人会晤达成的各项项目落地并保障其顺利进行。二是以数字丝绸之路、经贸产业合作区等为重点领域，深化务实合作，明确数字丝绸之路建设的顶层设计和具体建设方案，制订《"一带一路"数字经济国际合作倡议》落实方案，加强与相关国家建立协同合作机制和数字化基础设施建设；充分发挥园区的集聚效应和示范作用，进行可行性研究，最大限度发挥各方优势。可考虑在中西部特别是在西部地区探索打造依托中欧班列和航空港的自由贸易港，辐射中亚等地区，充分发挥中国在欧亚大陆价值链中的作用。三是扎实推进基础设施"硬联通"和政策规则标准的"软联通"。加强与东道国在投资保护等方面的沟通和技术标准对接，帮助中国企业"集体出海、抱团取暖"，增强对东道国本地就业、产业的带动和辐射作用；引导和鼓励中资海外企业加强属地化经营，增强跨文化管理意识，结合当地建设需求投资，共享发展成果，切实提高当地人民的受益水平。

（三）以金融、人才、法律、安保服务为支撑，加强"一带一路"综合保障力度，提高项目抵御风险能力

一是建立和完善服务"一带一路"的长期、稳定、可持续、风险可控的金融保障体系，发挥好各类金融机构作用，提高金融服务"一带一路"建设水平，创新国际化投资模式，吸引更多国际和私人资本参与，建立人民币和"一带一路"国家货币之间的联动性，提升人民币国际化水平。二是建立"一带一路"人才培养和支持体系，出台包括人才培养、应用和交流合作的国家规划，引导高校合理设置学科专业，充分发挥智库的研究与交流作用，注重人才培养与企业需求匹配，加强双多边人才交流互动。三是构建"一带一路"法律服务体系，促进现有各类国际合作机制的包容性发展，推动"一带一路"争端解决机制和机构建设，完善境外投资运营相关法律支撑服务体系，加强涉外法律制度研究，培养涉外法律人才。四是推动建设"一带一路"风险预警体系，强化安全风险评估和双多边安保工作，联合相关国家、国内对外部门通过统一官方平台实现风险信息实时共享发布，做好风险防控预案，建立项目风险管控、应急响应机制。

（四）以"一带一路"软力量建设为助推，深化人文交流，增强"一带一路"认同感，筑牢"一带一路"建设民心基础

一是完善"一带一路"理论支撑体系，鼓励国内省区市、高校、智库加强对"一带一路"研究以及与相关国家智库的交流，推动国内外智库、高校在政策咨询、理论研究等方面的深度合作。二是继续丰

富"一带一路"旅游及文化交流内涵，引导国内外旅游文化部门联合开发旅游产品，支持丝路旅游文化长廊建设，持续推动与更多"一带一路"国家的旅游合作和往来。加强科学、教育、文化、卫生等领域合作，继续鼓励国内外文化相关部门定期举办国际文化节、博览会等，并逐步拓展专门面向"一带一路"国家的文化交流渠道和活动。三是建立完善"一带一路"舆论传播体系，以"中国一带一路网"传播体系为基础，联合国内有关专家、智库机构、重要外宣媒体、海外华文媒体、各国当地媒体以及其他国际主要舆论平台，建立"一带一路"综合性舆论传播体系，弘扬共商共建共享理念，传播好"一带一路"声音，强化解疑释惑，营造良好的舆论环境。

中篇　指数报告

"一带一路"国别合作度评价报告

为科学、全面地反映我国与"一带一路"国家的合作进展和成效，及时发现存在的短板和问题，国家信息中心"一带一路"大数据中心研发了"一带一路"国别合作度指数并对71个"一带一路"国家进行测评。测评结果显示，我国与"一带一路"国家的合作水平逐年攀升，俄罗斯、哈萨克斯坦、巴基斯坦、韩国、越南位列前五；与亚洲大洋洲、中亚地区合作最为紧密，在资金融通、政策沟通方面表现突出。从各测评维度看，我国与俄罗斯、柬埔寨、巴基斯坦、韩国、老挝政策沟通最为密切；与中亚、亚洲大洋洲等周边国家的交通与能源设施联通水平较高，航空、铁路联通建设发展迅速；与俄罗斯的贸易畅通水平继续蝉联首位，与"一带一路"国家的投资合作相对稳定发展；与亚洲大洋洲、南亚地区的金融合作较好，但金融支撑工作仍任重道远；与亚洲大洋洲地区的民心相通水平较高，与中亚地区在人才交流方面表现亮眼。

2018年是"一带一路"倡议提出的第五个年头。五年来，我国与"一带一路"国家秉承共商共建共享的原则不断加强合作，已取得一批重要的早期收获，"一带一路"建设逐步进入全面实施阶段。为进一步反映我国与"一带一路"国家的合作进展和成效，高质量高水平推进"一带一路"建设，自2016年起，国家信息中心"一带一路"大数据中心研发了"一带一路"国别合作度指数，并持续三年对我国与"一带一路"国家合作水平进行测评。

一、指数介绍

　　"一带一路"国别合作度指数紧紧围绕《推动共建丝绸之路经济带和21世纪海上丝绸之路的愿景与行动》所提出的五大合作重点，从政策沟通度、设施联通度、贸易畅通度、资金融通度、民心相通度五个维度构建了包括5个一级指标、12个二级指标、34个三级指标在内的测评指标体系（见表1）。

　　2018年测评对象为"一带一路"71个国家，在2016和2017年测评基础上新增7个国家，共分布在亚洲大洋洲、中亚、西亚、南亚、东欧、非洲及拉美6个区域。具体如下：

　　亚洲大洋洲地区包括东帝汶、菲律宾、韩国、柬埔寨、老挝、马来西亚、蒙古国、缅甸、泰国、文莱、新加坡、新西兰、印度尼西亚、越南，共14个国家；

　　中亚地区包括哈萨克斯坦、吉尔吉斯斯坦、塔吉克斯坦、土库曼斯坦、乌兹别克斯坦，共5个国家；

　　西亚地区包括阿联酋、阿曼、阿塞拜疆、巴勒斯坦、巴林、格鲁吉亚、卡塔尔、科威特、黎巴嫩、沙特阿拉伯、土耳其、叙利亚、亚美尼亚、也门、伊拉克、伊朗、以色列、约旦，共18个国家；

　　南亚地区包括阿富汗、巴基斯坦、不丹、马尔代夫、孟加拉国、尼泊尔、斯里兰卡、印度，共8个国家；

　　东欧地区包括阿尔巴尼亚、爱沙尼亚、白俄罗斯、保加利亚、波黑、波兰、俄罗斯、黑山、捷克、克罗地亚、拉脱维亚、立陶宛、罗马尼亚、马其顿、摩尔多瓦、塞尔维亚、斯洛伐克、斯洛文尼亚、乌克兰、匈牙利，共20个国家；

　　非洲及拉美地区包括埃及、埃塞俄比亚、巴拿马、马达加斯加、摩洛哥、南非，共6个国家。

表1 "一带一路"国别合作度指标体系

一级指标	二级指标	三级指标
政策沟通度（20）	政治互信（10）	高层互访（5）
		伙伴关系（5）
	双边文件（10）	联合声明（3）
		双边协定（4）
		协议文件（3）
设施联通度（20）	交通设施（8）	航空联通度（2）
		公路联通度（2）
		铁路联通度（2）
		港口联通度（2）
	通信设施（6）	移动电话普及率（2）
		宽带普及率（2）
		跨境通信设施联通（2）
	能源设施（6）	跨境输电线路联通（3）
		跨境油气管道联通（3）
贸易畅通度（20）	贸易合作（8）	双边贸易额（3）
		双边贸易额增速（3）
		跨境电商连接度（2）
	投资合作（12）	对外直接投资（3）
		实际利用外资（3）
		工程合作项目（6）
资金融通度（20）	金融合作（10）	双边本币互换（2）
		亚投行参与（4）
		双边货币结算（4）
	金融支撑环境（10）	人民币跨境支付系统（2）
		金融监管合作（3）
		银行海外分布（3）
		保险保障（2）
民心相通度（20）	旅游与文化（6）	友好城市（2）
		交流活跃度（2）
		人员往来便利化（2）
	人才交流（6）	孔子学院/孔子课堂（3）
		人才联合培养（3）
	双边合作期待（8）	对方合作期待度（4）
		我方合作期待度（4）

本报告中篇指数报告中参评国别均以此为划分标准。测评方法详见《"一带一路"大数据报告》（2016）[①]。

二、总体评价结论

（一）"一带一路"合作水平逐年攀升，俄罗斯、哈萨克斯坦、巴基斯坦、韩国、越南位列前五

测评结果显示，2018年"一带一路"国别合作度指数平均分为47.12分，较2017年（45.11分）提升2.01分，2016—2018年我国与"一带一路"国家的合作水平逐年攀升（见图1）。2018年，俄罗斯、哈萨克斯坦、巴基斯坦、韩国、越南分列"一带一路"国别合作度前五位（见表2），2016—2018年间，俄罗斯蝉联榜首，哈萨克斯坦、巴基斯坦两国持续位列前五。

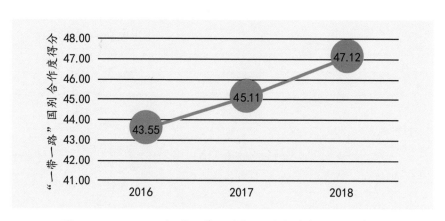

图1 2016—2018年"一带一路"国别合作度平均分情况

---

① 国家信息中心"一带一路"大数据中心《"一带一路"大数据报告》（2016），商务印书馆，2016年，第18—20页。

表 2　2018 年"一带一路"国别合作度国家排名

排名	国家	总分	排名	国家	总分
1	俄罗斯	90.60	29	卡塔尔	52.52
2	哈萨克斯坦	79.77	30	白俄罗斯	52.34
3	巴基斯坦	77.07	31	捷克	50.55
4	韩国	76.15	32	乌兹别克斯坦	49.53
5	越南	75.25	33	伊朗	48.89
6	泰国	73.82	34	孟加拉国	48.77
7	马来西亚	72.71	35	乌克兰	47.96
8	新加坡	72.16	36	罗马尼亚	46.44
9	印度尼西亚	69.86	37	文莱	45.91
10	柬埔寨	68.46	38	塞尔维亚	43.47
11	蒙古国	67.26	39	阿塞拜疆	42.75
12	老挝	67.07	40	埃塞俄比亚	41.81
13	土耳其	66.92	41	马尔代夫	41.66
13	新西兰	66.92	42	约旦	40.86
15	印度	65.99	43	科威特	40.02
16	缅甸	63.49	44	格鲁吉亚	38.41
17	吉尔吉斯斯坦	62.95	45	巴林	37.81
18	波兰	61.10	46	伊拉克	36.68
19	阿联酋	59.32	47	阿富汗	36.42
20	埃及	59.24	48	阿曼	36.31
21	菲律宾	58.84	49	巴拿马	36.12
22	以色列	57.39	50	摩洛哥	35.97
23	斯里兰卡	57.33	51	土库曼斯坦	33.57
24	尼泊尔	56.13	52	亚美尼亚	33.36
25	匈牙利	56.02	53	立陶宛	33.20
26	南非	55.50	54	拉脱维亚	32.72
27	沙特阿拉伯	54.80	55	保加利亚	32.15
28	塔吉克斯坦	54.63	56	克罗地亚	31.68

（续表）

排名	国家	总分	排名	国家	总分
57	黎巴嫩	31.13	65	波黑	22.09
58	斯洛文尼亚	28.79	66	马其顿	21.78
59	斯洛伐克	28.67	67	黑山	21.40
60	马达加斯加	28.21	68	阿尔巴尼亚	20.54
61	爱沙尼亚	26.01	69	也门	19.59
62	摩尔多瓦	25.86	70	叙利亚	17.51
63	东帝汶	24.83	71	不丹	11.65
64	巴勒斯坦	22.46		平均分	47.12

（二）民心相通与政策沟通方面成果显著，但设施联通、资金融通建设仍需着力推进

从5个一级测评维度看，"民心相通度""政策沟通度"指标得分最高（见表3），且国家间差距最小（见图2），反映我国与"一带一路"国家在民心相通和政策沟通方面成效显著，且与各国实现协同均衡发展；"设施联通度"的平均分相对较低，国别间联通水平有待进一步提高；"资金融通度"的离散系数①最大，我国与"一带一路"各国在金融合作方面国家间差距较大，还需进一步完善"一带一路"的资金融通网络体系。

---

① 离散系数是测度数据离散程度的相对统计量，主要用于多个总体均值不等的离散程度比较。数值越大，表明该总体内部数据分布较为分散；数值越小，表明该总体内部数据分布较为集中。

表3 "一带一路"国别合作度一级指标得分情况

一级指标	权重	最高得分	最低得分	平均分	得分率 /%	离散系数
政策沟通度	20	18.00	0.80	10.73	53.65	0.39
设施联通度	20	19.02	2.11	6.60	33.00	0.53
贸易畅通度	20	17.30	2.75	8.80	44.00	0.45
资金融通度	20	20.00	0.00	9.86	49.30	0.60
民心相通度	20	18.95	4.97	11.12	55.60	0.32

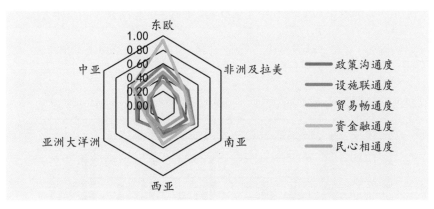

图2 六大区域"一带一路"国别合作度一级指标得分的离散系数

（三）与亚洲大洋洲、中亚地区合作最为紧密，在资金融通、政策沟通方面表现突出

从区域看，亚洲大洋洲、中亚地区国家与我国"一带一路"合作最为紧密，平均分相对较高（见图3），分别为64.48分、56.09分，且在"资金融通度""政策沟通度"方面优势明显（见图4）；东欧国家间与我国的国别合作水平差距最为明显，极差[①]为70.06分；我国与南亚国家各方面合作水平较为均衡，仅次于亚洲大洋洲及中亚国家；我国与西亚国家在资金融通、贸易畅通方面的合作水平表现亮眼。

---

① 极差 = 最大值 − 最小值，极差越大，反映区域内国家间水平差距越大。

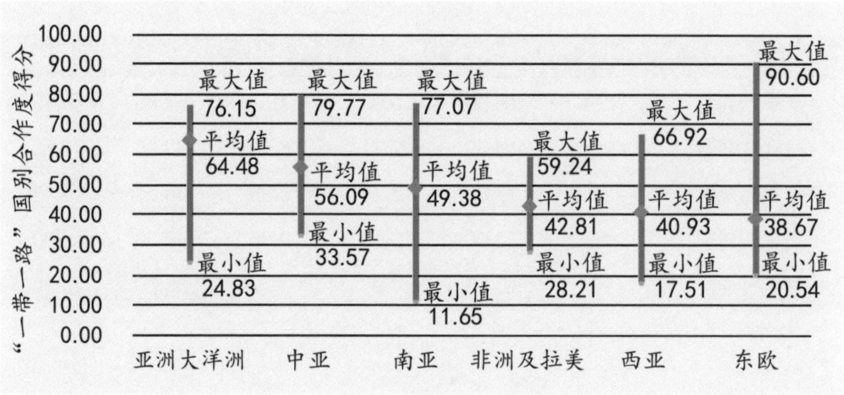

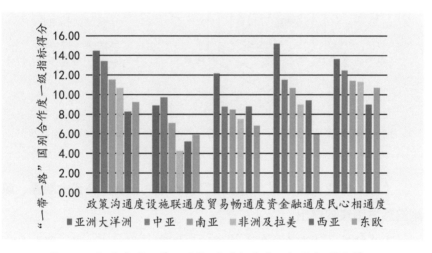

图3　六大区域国家间"一带一路"国别合作度得分差距情况

图4　六大区域"一带一路"国别合作度一级指标得分情况

三、分项评价结论

进一步从政策沟通度、设施联通度、贸易畅通度、资金融通度、民心相通度五个测评维度对我国与"一带一路"71个国家的合作情况进行分析，结论如下：

（一）政策沟通成效显著，与俄罗斯、柬埔寨、巴基斯坦、韩国、老挝政策沟通水平较高

"政策沟通度"指标包含政治互信、双边文件 2 个二级指标（见表 4），总体平均分为 10.73 分（满分为 20.00 分），俄罗斯、柬埔寨、巴基斯坦、韩国、老挝分列前五（见表 5）。从区域分布看，亚洲大洋洲、中亚、南亚地区国家与我国政策沟通水平较高（见图 5），西亚与东欧地区国家相对较弱。

表 4　"政策沟通度"二级指标得分情况

一级指标	二级指标	权重	最高得分	最低得分	平均分	得分率 /%
政策沟通度	政治互信	10	10.00	0.80	4.58	45.80
	双边文件	10	10.00	0.00	6.15	61.50

表 5　"政策沟通度"指标得分排名前二十的国家

排名	国家	得分	排名	国家	得分
1	俄罗斯	18.00	11	新加坡	14.90
2	柬埔寨	17.30	12	埃及	14.60
3	巴基斯坦	17.00	12	白俄罗斯	14.60
4	韩国	16.30	12	哈萨克斯坦	14.60
4	老挝	16.30	12	吉尔吉斯斯坦	14.60
4	越南	16.30	12	捷克	14.60
7	菲律宾	15.30	12	马来西亚	14.60
7	缅甸	15.30	12	塞尔维亚	14.60
7	沙特阿拉伯	15.30	12	塔吉克斯坦	14.60
10	斯里兰卡	15.00	12	乌兹别克斯坦	14.60

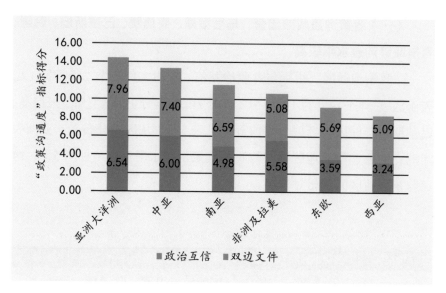

图5　六大区域"政策沟通度"二级指标得分及分布情况

1. 我国与"一带一路"国家保持密切的高层互动，与俄罗斯、菲律宾、柬埔寨等周边国家交流最为频繁

2017年1月—2018年4月，"一带一路"国家与我国的高层间相互访问频繁，高层来华访问尤以俄罗斯、菲律宾、柬埔寨等周边国家最为频繁。在国家间外交关系方面，我国与56.34%的"一带一路"国家保持战略伙伴及以上的关系级别，相互合作的共同利益较多，在重大国际和地区问题上关系密切，特别是与俄罗斯、巴基斯坦分别达成全面战略协作伙伴关系、全天候战略合作伙伴关系；2017年至2018年4月，以色列、匈牙利、塔吉克斯坦、马达加斯加、埃塞俄比亚5个国家与我国的伙伴关系级别有所提升，我国与"一带一路"国家间的政治互信进一步深化。

2. 配套政策文件日趋完善，与更多国家在更广领域达成协同联动合作

"双边文件"指标的平均分为 6.15 分（满分为 10.00 分），较 2017 年（5.17 分）有所提升，我国与"一带一路"国家间的政策保障趋向完善。2013 年 9 月—2018 年 4 月，我国与"一带一路"44 个国家签署了 88 项联合声明 / 公报；我国与巴基斯坦、马尔代夫、新加坡、韩国、新西兰、格鲁吉亚 6 个国家已签署自由贸易协定，与东盟区域组织签订全面经济合作框架协议，中国—孟加拉国、中国—蒙古国、中国—巴拿马等自贸区也正在研究中，中国面向全球的高标准自由贸易区网络逐渐形成；"一带一路"国际合作高峰论坛之后，我国又与塔吉克斯坦、新加坡、伊朗、印度尼西亚等 9 个国家新签"一带一路"相关协议文件，逐渐扩展"一带一路"的合作领域。

（二）与中亚、亚洲大洋洲等周边国家的交通与能源设施联通水平较高，航空、铁路联通建设发展迅速

"设施联通度"指标包含交通设施、通信设施、能源设施 3 个二级指标，总体平均分为 6.60 分（满分为 20.00 分）（见表 6），俄罗斯、哈萨克斯坦、越南、缅甸、蒙古国分列前五（见表 7），与 2016 年、2017 年保持一致。从具体指标看，我国与周边的中亚、亚洲大洋洲及南亚地区国家在交通与能源设施方面的联通水平相对较好（见图 6）。

表 6 "设施联通度"二级指标得分情况

一级指标	二级指标	权重	最高得分	最低得分	平均分	得分率 /%
设施联通度	交通设施	8	8.00	0.20	2.60	32.50
	通信设施	6	6.00	0.94	3.45	57.50
	能源设施	6	6.00	0.00	0.55	9.17

表7 "设施联通度"指标得分排名前二十的国家

排名	国家	得分	排名	国家	得分
1	俄罗斯	19.02	11	新加坡	9.72
2	哈萨克斯坦	16.66	12	印度	9.34
3	越南	15.64	13	土耳其	8.72
4	缅甸	14.99	14	泰国	8.69
5	蒙古国	12.69	15	阿联酋	8.68
6	尼泊尔	12.40	16	塔吉克斯坦	8.50
7	吉尔吉斯斯坦	11.67	17	马来西亚	8.33
8	巴基斯坦	11.63	18	捷克	7.76
9	老挝	10.66	18	匈牙利	7.76
10	韩国	10.00	20	印度尼西亚	7.63

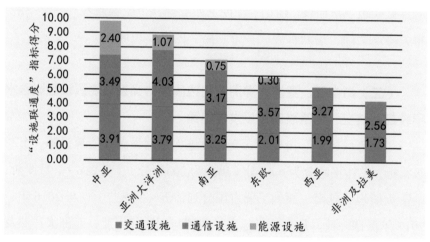

图6 六大区域"设施联通度"二级指标得分及分布情况

1. 港口联通水平相对较高,与东盟、东欧地区国家的航空联通越来越密切

港口联通度的平均分达1.22分(满分为2.00分),得分率明显高于其他交通设施联通水平(见图7),其中我国与韩国、印度、印度尼西亚三个国家港口运输交流频繁。目前,我国港口已与世界200

多个国家、600 多个主要港口建立航线联系，港口在我国与"一带一路"国家的联通方面发挥重要作用。韩国、阿联酋、俄罗斯和东盟地区国家在"航空联通度"指标中表现优秀，我国与这些国家的航空旅客吞吐量和货邮运输量均遥遥领先，"一带一路"成为中国民航积极"走出去"的有效驱动器。截至 2017 年年底，我国国内机场新开国际 / 港澳台地区直飞航线 255 条，其中直飞东盟国家航线达 162 条、东欧航线 31 条，泰国、越南、俄罗斯航线最多，分别新开 44 条、38 条、30 条。"交通设施"指标得分前十的国家见表 8。

表 8　"交通设施"指标得分排名前十的国家

排名	国家	得分	排名	国家	得分
1	越南	8.00	6	蒙古国	5.20
2	俄罗斯	7.75	7	巴基斯坦	5.10
3	哈萨克斯坦	5.80	7	缅甸	5.10
4	印度	5.50	9	老挝	4.45
5	尼泊尔	5.30	10	吉尔吉斯斯坦	4.40

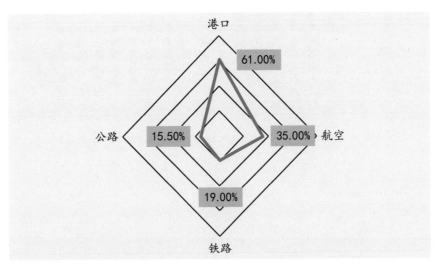

图 7　"一带一路"国家不同交通设施联通得分率情况

2. 东欧、中亚地区是我国铁路对外运输的主要目的地

我国与"一带一路"国家的铁路联通水平也较好，2017年我国与"一带一路"国家的贸易出口中，铁路运输方式的出口额增速最快，较2016年增长34.5%，其中俄罗斯、哈萨克斯坦、乌兹别克斯坦、波兰、越南分列前五（见图8）；从区域来看，铁路运输方式贸易出口额排名前十五的国家主要分布在东欧、中亚等地区。截至2018年4月15日，中欧班列累计开行数量突破7891列，班列线路主要分布在德国、俄罗斯、哈萨克斯坦、塔吉克斯坦、波兰、白俄罗斯等国家（见图9）。

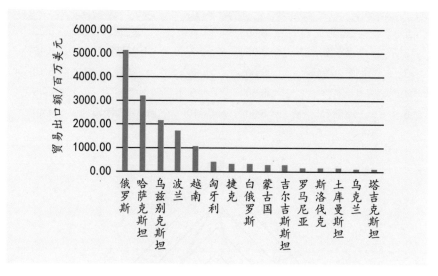

图8 2017年铁路运输方式贸易出口额排名前十五的国家

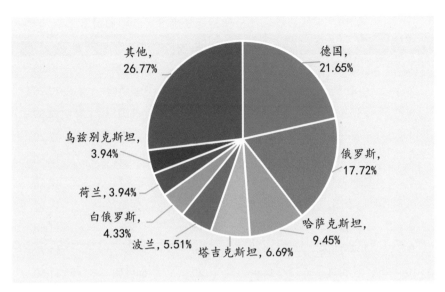

图 9　已开行中欧班列线路的国家分布

（三）与俄罗斯的贸易畅通水平蝉联首位，与"一带一路"国家的投资合作总体相对稳定

"贸易畅通度"指标包含贸易合作、投资合作 2 个二级指标（见表 9），总体平均分为 8.80 分（满分为 20.00 分），俄罗斯、印度、新加坡、马来西亚、印度尼西亚分列前五（见表 10），俄罗斯蝉联首位。从区域看，在贸易方面，与亚洲大洋洲、西亚的合作水平较高（见图 10）；在投资方面，与亚洲大洋洲、中亚、南亚的合作水平较高。

表 9　"贸易畅通度"二级指标得分情况

一级指标	二级指标	权重	最高得分	最低得分	平均分	得分率 /%
贸易畅通度	贸易合作	8	6.50	0.20	3.00	37.50
	投资合作	12	10.80	0.60	5.80	48.33

表10　"贸易畅通度"指标得分排名前二十的国家

排名	国家	得分	排名	国家	得分
1	俄罗斯	17.30	11	阿联酋	13.82
2	印度	16.00	12	巴基斯坦	13.26
3	新加坡	15.66	13	韩国	12.89
4	马来西亚	15.55	14	越南	12.70
5	印度尼西亚	15.52	15	柬埔寨	12.65
6	哈萨克斯坦	15.05	16	菲律宾	12.19
7	泰国	15.03	17	伊朗	12.02
8	伊拉克	14.68	18	南非	11.83
9	沙特阿拉伯	14.56	19	新西兰	11.77
10	土耳其	14.48	20	以色列	11.56

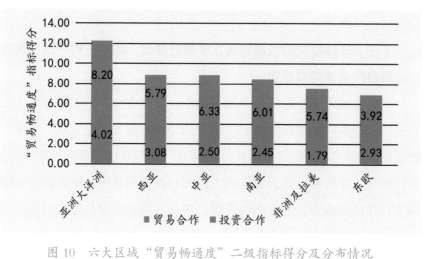

图10　六大区域"贸易畅通度"二级指标得分及分布情况

1. 与"一带一路"国家的贸易合作推动我国外贸加速回暖,中亚地区贸易增速相对较快

2017年,中国与"一带一路"国家的贸易总额扭转连续两年负增长局面,较2016年增长13.45%,高于我国整体增速6.00个百分

点,成为推动我国外贸加速回暖的重要力量。从区域看,与亚洲大洋洲地区的贸易额占比为56.78%(见图11),其中,与韩国、越南、马来西亚的贸易额最高(见图12)。从区域贸易额增速看,与中亚地区贸易额的增速最快,较2016年增长19.81%,其中哈萨克斯坦、土库曼斯坦、乌兹别克斯坦的增速较快,是我国未来贸易合作的重点地区。

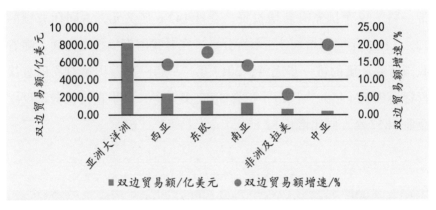

图 11　2017 年中国与六大区域的双边贸易额及贸易额增速

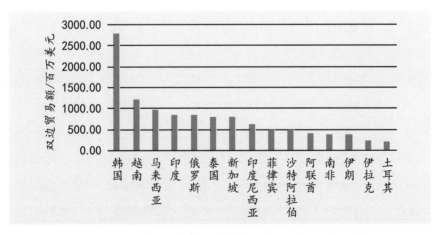

图 12　2017 年与中国双边贸易额排名前十五的国家

2.双边投资合作持续稳定，与东欧地区的合作还需进一步加强

"投资合作"指标的平均分为5.80分（满分为12.00分），俄罗斯、马来西亚、新加坡、印度、巴基斯坦分列前五（见表11）。从区域比较看，亚洲大洋洲、中亚地区的平均分较高，东欧地区的平均分最低，其中除俄罗斯、罗马尼亚外其他国家均低于平均分，未来我国还需要进一步加强与东欧地区国家的投资合作。从我国对外投资方面看，对"一带一路"国家投资合作稳步推进。2017年，我国企业对"一带一路"59个国家有新增投资，合计143.6亿美元，占同期总额的12%，比去年同期增加3.5个百分点。在对我国直接投资方面，随着我国营商环境的进一步完善，2017年"一带一路"国家对我国直接投资金额374亿元人民币（折合56亿美元），对华直接投资新设立企业3857家，同比增长32.8%。

表11 "投资合作"指标得分排名前二十的国家

排名	国家	得分	排名	国家	得分
1	俄罗斯	10.80	11	哈萨克斯坦	9.45
2	马来西亚	10.65	12	沙特阿拉伯	9.30
3	新加坡	10.50	13	土耳其	9.15
4	印度	10.20	14	缅甸	9.00
4	巴基斯坦	10.20	15	老挝	8.60
6	阿联酋	10.05	16	埃及	8.55
6	泰国	10.05	17	以色列	7.80
8	印度尼西亚	9.90	18	韩国	7.70
9	柬埔寨	9.75	19	科威特	7.50
10	伊拉克	9.60	19	新西兰	7.50

（四）与亚洲大洋洲、南亚地区国家的金融合作较好，金融支撑工作仍任重道远

"资金融通度"指标包括金融合作、金融支撑环境 2 个二级指标（见表 12），总体平均分为 9.86 分（满分为 20.00 分），俄罗斯、马来西亚、阿联酋、巴基斯坦排名位居前列（见表 13）。从具体指标看，与亚洲大洋洲、南亚地区国家的金融合作表现优秀（见图 13），金融支撑环境也相对较好；相比之下，我国与东欧地区的金融合作相对较少，金融合作的基础支撑环境也有待健全。

表 12 "资金融通度"二级指标得分情况

一级指标	二级指标	权重	最高得分	最低得分	平均分	得分率 /%
资金融通度	金融合作	10	10.00	0.00	6.25	62.50
	金融支撑环境	10	10.00	0.00	3.61	36.10

表 13 "资金融通度"指标得分排名前二十的国家

排名	国家	得分	排名	国家	得分
1	俄罗斯	20.00	10	新西兰	17.00
1	马来西亚	20.00	10	越南	17.00
3	阿联酋	19.00	13	柬埔寨	16.00
3	巴基斯坦	19.00	13	卡塔尔	16.00
5	哈萨克斯坦	18.00	13	老挝	16.00
5	韩国	18.00	13	土耳其	16.00
5	泰国	18.00	17	吉尔吉斯斯坦	15.00
5	新加坡	18.00	17	匈牙利	15.00
5	印度尼西亚	18.00	19	波兰	14.00
10	蒙古国	17.00	20	菲律宾	13.00

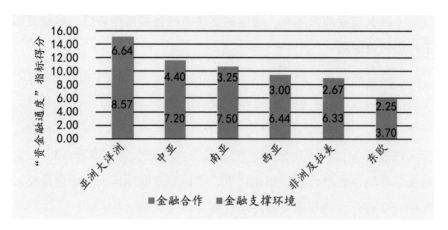

图 13　六大区域"资金融通度"二级指标得分及分布情况

1. 金融合作发展稳步推进，中国银联覆盖进一步扩大

"金融合作"指标平均分为 6.25 分（满分为 10.00 分），阿联酋、巴基斯坦、俄罗斯、哈萨克斯坦、韩国、泰国等 16 个国家与我国金融合作进展良好，主要分布在亚洲大洋洲、中亚地区等。截至 2018 年 4 月 30 日，共有 52 个"一带一路"国家加入亚投行，与去年相比，阿富汗、东帝汶、匈牙利、埃塞俄比亚等成为亚投行新成员；作为国人海外消费的重要支付通道，中国银联的发卡和受理规模也进一步扩大（见图14），2017 年中国银联卡在爱沙尼亚、立陶宛、巴拿马等国家银行也可受理，双方消费者交易支付更加便利化，推动双边的经贸往来。

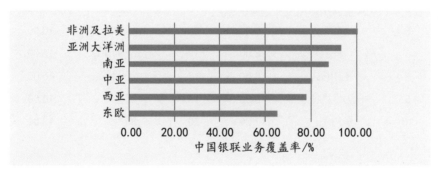

图 14　中国银联业务在"一带一路"六大区域的覆盖率

2. "一带一路"金融服务水平有所提高，面向东欧、西亚的业务拓展空间较大

"金融支撑环境"指标的平均分仅为 3.61 分（满分为 10.00 分），国家间差距明显，俄罗斯、马来西亚、印度尼西亚、阿联酋、巴基斯坦、越南等国家支撑双边金融合作的环境相对较完善，但 45.00% 的东欧地区国家、27.78% 的西亚地区国家在人民币跨境支付系统、中国银行海外分行、中国保险业务、双边金融监管等方面仍存空白。

为进一步推动金融合作，我国与"一带一路"国家也努力改善金融支撑环境。中资银行不断进行海外布局，目前，以新加坡、马来西亚、印度尼西亚、泰国的数量为最多（见图 15）；2018 年 5 月 2 日，人民币跨境支付系统（二期）全面投产，已覆盖 40 个"一带一路"国家的 165 家银行，其中俄罗斯、新加坡、马来西亚、韩国、泰国有 10 所以上银行参与该系统，进一步提高人民币的跨境资金清算、结算服务水平；在金融监管合作方面，中国银行业监督管理委员会（现与保监会合并为银保监会）也已与 36 个"一带一路"国家的金融监管当局签署了双边监管合作谅解备忘录（MOU）或协议，加强金融信息共享及维护金融稳定合作。

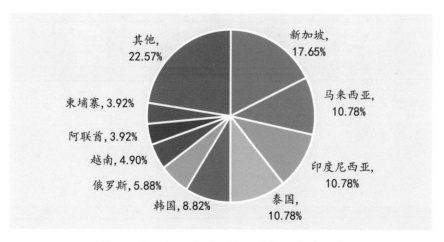

图 15　中资银行在"一带一路"国家的分布

（五）与亚洲大洋洲地区的民心相通水平较高，丝路旅游与留学成果亮眼

"民心相通度"指标包含旅游与文化、人才交流、双边合作期待3个二级指标（见表14），总体平均分为11.13分（满分为20.00分），韩国、泰国、埃及、俄罗斯、乌克兰分列前五。从区域看，亚洲大洋洲地区"民心相通度"指标得分最高（见图16），其次为中亚地区，分别为13.65分、12.46分。从各区域的具体指标得分表现看，中亚地区"人才交流"指标的得分较高。

表14　"民心相通度"二级指标得分情况

一级指标	二级指标	权重	最高得分	最低得分	平均分	得分率 /%
民心相通度	旅游与文化	6	6.00	0.50	2.93	48.83
	人才交流	6	6.00	0.00	2.57	42.83
	双边合作期待	8	7.27	3.65	5.63	70.38

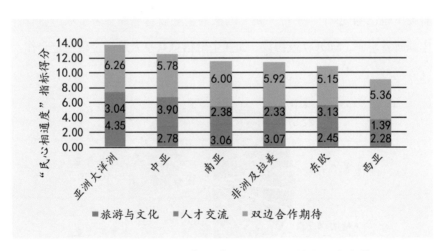

图16　六大区域"民心相通度"二级指标得分及分布情况

1. 双边友好交流不断深化，"一带一路"旅游增幅明显

"旅游与文化"指标平均分为 2.93 分（满分为 6.00 分），韩国、泰国、印度尼西亚、越南、柬埔寨分列前五。从具体方面看，2017 年—2018 年 4 月，俄罗斯、印度尼西亚、白俄罗斯、捷克等 26 个国家与我国新增友好城市（见图 17），双边的友好交流继续深化。我国也积极与"一带一路"国家举办论坛、博览会、旅游节等丰富多彩的交流活动，俄罗斯、韩国、马来西亚、巴基斯坦与我国的文化交流活动相对较多；中国旅游研究院数据显示，2017 年中国与"一带一路"国家双向旅游交流达 6000 万人次左右，与 2012 年相比，"一带一路"出境人数和入境人数分别增长 2.6 倍和 2.3 倍左右，"一带一路"旅游成为世界旅游的新增长点。

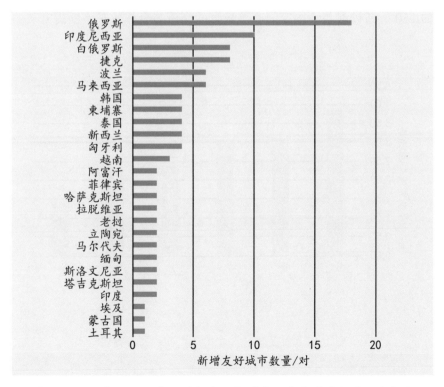

图 17　2017 年—2018 年 4 月与中国新增友好城市关系数量国家分布

2. 与中亚、东欧地区的人才交流较为频繁，"一带一路"国家成为我国出国留学的新增长点

"人才交流"指标的平均分为2.57分（满分为6.00分），白俄罗斯、俄罗斯、韩国、吉尔吉斯斯坦、罗马尼亚、泰国、新西兰排名居于前列。从具体区域看，与中亚、东欧地区的"人才交流"平均分较高（见图18），西亚地区相对较低。我国与"一带一路"国家在人才培养交流方面取得良好进展。教育部统计数据显示，2017年，我国出国留学人数首次突破60万，出国留学规模持续增长，除欧美发达国家和地区外，"一带一路"国家成为新的留学目的地增长点。在高校合作方面，截至目前，由兰州大学发起的"一带一路"高校联盟成员总数达148个，由西安交通大学发起的丝绸之路大学联盟也有来自38个国家和地区的150所高校参与，国家间高等教育的交流与合作水平不断提升。

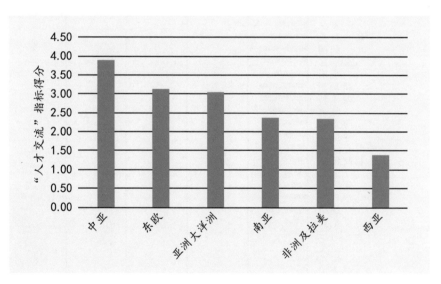

图18 六大区域"人才交流"指标得分情况

四、发展建议

"一带一路"倡议提出五年以来，中国与各国多维度、多层面合作不断推进，"一带一路"惠及世界各国的红利不断凸显。然而，测评也发现当前存在着设施联通范围有待拓展、投资合作市场仍需扩大、金融支撑环境搭建亟待加强等问题，为了切实落实首届"一带一路"国际合作高峰论坛成果，推动"一带一路"建设走深走实、行稳致远，还需从以下方面加强有关工作：

第一，深化基础设施建设共识和标准化合作，推动与相关国家基础设施国际化建设。加强与"一带一路"国家的政治对话，争取相关国家的战略认同与互信，降低政治猜忌、地缘博弈等因素对铁路、输油管道等建设的影响；贯彻落实《标准联通共建"一带一路"行动计划（2018—2020年）》，主动加强与"一带一路"国家的标准化战略对接和标准体系的相互兼容，推动中国标准的国际化，提高标准体系的兼容性，支撑交通、能源、信息等设施联通网络的建设；拓展设施联通范围，在加强交通、能源基础设施建设的同时，推进与国际电信联盟等国际组织的合作，努力推进区域信息高速公路的多边合作倡议，鼓励我国信息通信企业参与国外建设，强化互联网等信息通信基础设施的互联互通。

第二，注重与当地投资需求对接，推动投资市场的多元化发展，提高我国对外投资合作水平。挖掘各国的区位优势，积极与当地的基础设施升级规划相对接，更多考虑各个相关方的需求，与各国共同建造基于共识规则的投资市场；与当地的投融资机构联手探索投资机会，发掘区域性基础设施项目撬动地方投资的积极性，与当地实现共赢发展；开拓海外投资市场的多元化，推动与更多国家共同提高投资便利化的水平，实现双多边的良性合作；通过畅通有效的信息渠道和国际沟通合作机制、完善国际产能合作融资担保体系、整合中国企业的资源、联合多国承包商等方式降低中国企业海外投资承包的风险。

第三，构建和完善多层次、多种类的金融服务体系，形成良好的金融合作网络。增强中国与"一带一路"国家在金融基础设施等方面的互联互通，分享中国在跨境支付网络、社区银行、互联网支付等方面的经验，通过签订本币互换协议、确定人民币清算行、建设人民币跨境支付系统等满足统一货币结算的需求，推动人民币国际化及其服务"一带一路"建设的作用；整合境内外政策性金融、开发性金融、商业性金融资源，推动商业银行开展网络化布局，形成市场导向性的多层次融资渠道和方式，促进金融和经济相互良性循环，为"一带一路"项目提供可持续的融资支持，构建稳定、可持续、风险可控的"一带一路"金融保障体系。

"一带一路"省区市参与度评价报告

为科学评估各地参与"一带一路"建设的进展与成效，国家信息中心"一带一路"大数据中心研发了"一带一路"省区市参与度指数，并对国内31个省区市进行测评。测评结果显示，"一带一路"省区市参与度平均分首次突破60分，广东、山东、上海、浙江、江苏分列前五，其中广东连续三年蝉联第一名，山东排名提升较快，四川、湖北首次进入前十；从区域看，东部地区参与度水平遥遥领先，西部各省区市间差距明显；从5个一级测评维度看，"政策环境"得分表现最优，"经贸合作"水平较去年提升最明显。各地"一带一路"政策环境不断优化，河南、山东、上海等地政策支持力度显著加强；各地积极参与"一带一路"基础设施建设，铁路和航空联通能力提升明显；与"一带一路"国家经贸合作持续深化，山东、天津、浙江、江苏、广东表现突出；积极推动形式多样的对外人文合作，西部地区表现突出；海南、上海、北京、新疆、山东等地"一带一路"建设的国内外综合影响力最强。

五年来，各地充分发挥自身的区位优势和比较优势，积极深度参与"一带一路"建设，在政策协调、基础设施、经贸合作、人文交流等方面持续发力，取得了显著成效。为评估各省区市参与"一带一路"建设的进展与成效，国家信息中心"一带一路"大数据中心研发了"一带一路"省区市参与度指数，并连续三年对国内31个省区市进行测评。

一、指数介绍

"一带一路"省区市参与度测评按照"基础—行动—效果"三个层次构建评价模型，基于政策环境、设施配套、经贸合作、人文交流、综合影响五个维度，构建了包括 5 个一级指标、14 个二级指标、20 个三级指标在内的"一带一路"省区市参与度指标体系（见表 1）。在延续 2017 年"一带一路"省区市参与度指数基本框架总体稳定的基础上，2018 年对对外贸易额、海外合作项目、对外承包工程等具体指标进行了微调，并对部分指标测算方法进行了优化。

本次测评对象为我国境内 31 个省区市，共划分为东部、东北部、中部、西部 4 个区域。其中，东部地区包括广东、山东、上海、浙江、江苏、天津、福建、北京、河北、海南，共 10 个；东北部地区包括辽宁、黑龙江、吉林，共 3 个；中部地区包括河南、湖北、湖南、安徽、江西、山西，共 6 个；西部地区包括内蒙古、甘肃、四川、陕西、重庆、广西、云南、贵州、宁夏、新疆、青海、西藏，共 12 个。

测评方法详见《"一带一路"大数据报告》（2016）[①]。

表 1 "一带一路"省区市参与度指标体系

一级指标	二级指标	三级指标
政策环境（20）	管理体制（2）	—
	政策文件（14）	规划计划（4）
		政策对接（6）
		合作协议（4）
	资金保障（4）	—

[①] 国家信息中心"一带一路"大数据中心《"一带一路"大数据报告》（2016），商务印书馆，2016 年，第 18—20 页。

（续表）

一级指标	二级指标	三级指标
设施配套（20）	涉外园区建设（6）	—
	交通基础设施（14）	航空联通度（4）
		铁路联通度（4）
		港口联通度（3）
		公路联通度（3）
经贸合作（32）	贸易合作（12）	对外贸易依存度（4）
		对外贸易额（4）
		对外贸易额增速（4）
	投资合作（12）	人均实际利用外资额（3）
		实际利用外资额增速（3）
		对外直接投资额（3）
		对外直接投资额增速（3）
	重大合作项目（8）	海外合作项目（4）
		对外承包工程（4）
人文交流（16）	友好城市（4）	—
	旅游热度（4）	—
	教育合作（4）	—
	交流活跃度（4）	—
综合影响（12）	国内影响力（6）	国内关注度（3）
		国内满意度（3）
	国外影响力（6）	国外关注度（3）
		国外满意度（3）

二、总体评价结论

（一）"一带一路"省区市参与度平均分首次突破 60 分，广东、山东、上海、浙江、江苏分列前五，其中广东连续三年蝉联榜首，山东排名提升较快，四川、湖北首次进入前十

测评结果显示，"一带一路"省区市参与度指数平均分为 61.39 分，首次突破 60 分，近三年呈逐年上升趋势（见图 1），较 2017 年提升 1.47 分，广东、山东、上海、浙江、江苏分列"一带一路"省区市参与度前五（见表 2）。广东连续三年蝉联榜首，山东排名逐年提升，从 2016 年的第七名提升至 2017 年的第五名，再到 2018 年的第二名，提升幅度明显。四川、湖北首次进入前十。省区市间差距进一步扩大，最大相对差距指数 [①] 由 0.63 扩大至 0.73。

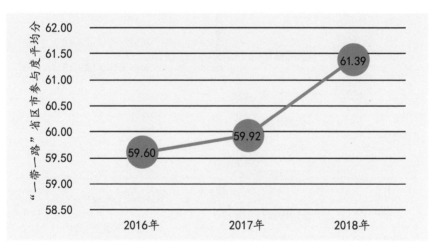

图 1 2016—2018 年"一带一路"省区市参与度平均分情况

---

① 相对差距指数 =1-（最低水平 / 最高水平），用来表示最低水平与最高水平的相对差距程度，指数介于 0—1 之间，数值越大，表明差距越大。

表2 "一带一路"省区市参与度得分排名前十的省区市

排名	省区市	排名	省区市
1	广东	6	天津
2	山东	7	福建
3	上海	8	河南
4	浙江	9	四川
5	江苏	10	湖北

（二）东部地区参与度水平遥遥领先，西部各省区市间差距明显

从区域看，东部地区省区市参与水平遥遥领先，平均分为73.91（见图2、图3），排名前七的省区市均来自东部地区；西部地区平均水平相对较低，且省区市间差距较大。

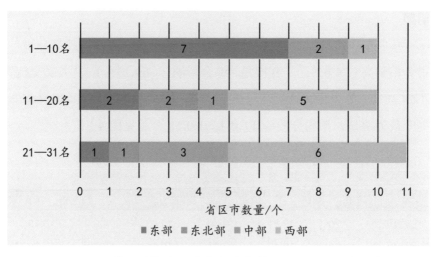

图2 "一带一路"省区市参与度各排名段省区市区域分布

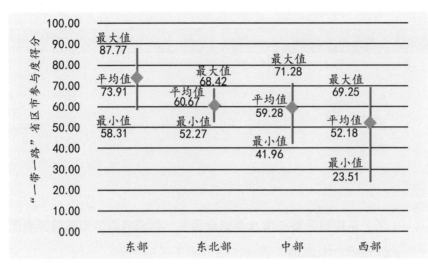

图 3 四大区域省区市间"一带一路"省区市参与度得分差距情况

（三）"政策环境"得分表现最优，"经贸合作"水平提升最明显

从 5 个一级指标看，"一带一路"省区市参与度的"政策环境"得分率最高（74.65%），其次是"综合影响"（69.25%）、"人文交流"（58.38%）等（见表 3）。与 2017 年评价结果相比，"经贸合作"提升最为明显，平均分较 2017 年提升 0.58 分（见图 4）。

表 3 "一带一路"省区市参与度一级指标得分情况

一级指标	权重	最高得分	最低得分	平均分	得分率/%	离散系数
政策环境	20	19.31	6.69	14.93	74.65	0.19
设施配套	20	19.48	2.81	10.54	52.70	0.36
经贸合作	32	28.55	2.61	18.27	57.09	0.35
人文交流	16	15.77	1.69	9.34	58.38	0.38
综合影响	12	11.66	5.76	8.31	69.25	0.20

图 4　2017—2018 年"一带一路"省区市参与度一级指标平均分

　　31 个省区市间"人文交流"和"设施配套"差异最大，离散系数分别为 0.38、0.36，均以西部地区内省区市间差异最为显著（见图 5）；"政策环境""综合影响"两个方面表现相对均衡。从各区域一级指标看，东部地区在五个维度得分均较高，且各方面参与水平较为均衡（见图 6）；西部地区"政策环境"和"综合影响"较高，但"设施配套""经贸合作"和"人文交流"表现相对较弱；东北部地区"综合影响"亟待进一步提升。

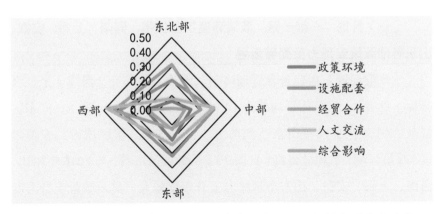

图 5　四大区域"一带一路"省区市参与度一级指标得分的离散系数

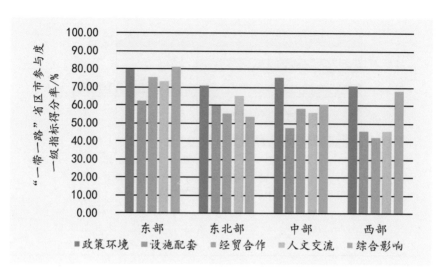

图 6　四大区域"一带一路"省区市参与度一级指标得分率

三、分项评价结论

我们进一步从政策环境、设施配套、经贸合作、人文交流、综合影响五个测评维度对 31 个省区市"一带一路"参与情况进行分析，结论如下：

（一）各地"一带一路"政策环境不断优化，河南、上海、安徽、山东等地政策支持力度显著增强

"政策环境"指标包含管理体制、政策文件、资金保障 3 个二级指标（见表 4），总体平均分为 14.93 分（满分为 20.00 分），广东、江苏、河南、甘肃、山东位列前五（见表 5）。从区域看，东部地区"政策环境"平均分最高（见图 7）。从各省区市看，与 2016 年相比，河南、上海、安徽、山东等地排名上升幅度较大，显示政策支持力度显著增强。

表4 "政策环境"二级指标得分情况

一级指标	二级指标	权重	最高得分	最低得分	平均分	得分率/%
政策环境	管理体制	2	2.00	0.00	1.94	97.00
	政策文件	14	14.00	6.69	11.33	80.93
	资金保障	4	4.00	0.00	1.66	41.50

表5 "政策环境"指标得分高于平均分的省区市

排名	省区市	得分	排名	省区市	得分
1	广东	19.31	9	天津	16.88
2	江苏	19.25	10	上海	16.66
3	河南	18.63	11	广西	16.48
4	甘肃	18.13	12	安徽	16.16
5	山东	17.88	13	浙江	16.00
6	陕西	17.77	14	江西	15.88
7	新疆	17.51	15	河北	15.25
8	福建	17.22	15	吉林	15.25

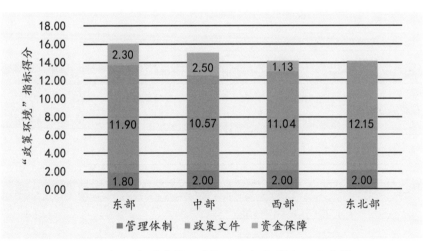

图7 四大区域"政策环境"二级指标得分及分布情况

甘肃、浙江、山东、河南、江苏等地在其 2017 年政府工作报告中着重介绍了在"一带一路"建设中的进展及未来工作重点。31 个省区市均结合自身发展出台了本地推进"一带一路"建设的相关政策，主要集中于自由贸易区、跨境电子商务、旅游等领域，其中，黑龙江、广东、陕西、浙江、河南、新疆、湖南出台政策数量较多。93.55%（29 个）的省区市与国外相关机构签署了"一带一路"多领域合作协议，不断拓展与"一带一路"国家的合作广度和深度。

（二）各地积极参与"一带一路"基础设施建设，铁路和航空联通能力提升明显

"设施配套"指标包含涉外园区建设、交通基础设施 2 个二级指标（见表 6），总体平均分为 10.54 分（满分 20.00 分），广东、辽宁、浙江、福建、天津分列前五（见表 7）。从区域看，东部和东北部地区设施配套建设较为完善，中部地区对外交通基础设施互联互通和西部地区涉外园区建设有待加强（见图 8）。

表6 "设施配套"二级指标得分情况

一级指标	二级指标	权重	最高得分	最低得分	平均分	得分率 /%
设施配套	涉外园区建设	6	6.00	0.00	3.63	60.50
	交通基础设施	14	13.48	1.13	6.91	49.36

表7 "设施配套"指标得分高于平均分的省区市

排名	省区市	得分	排名	省区市	得分
1	广东	19.48	5	天津	14.54
2	辽宁	15.23	6	湖北	13.83
3	浙江	15.19	7	山东	13.13
4	福建	15.02	8	重庆	13.07

排名	省区市	得分	排名	省区市	得分
9	上海	12.86	14	云南	11.87
10	四川	12.36	15	广西	11.85
11	新疆	12.34	16	陕西	11.50
12	河南	11.88	17	吉林	11.18
12	江苏	11.88	—	—	—

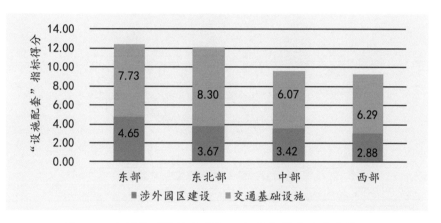

图 8 四大区域"设施配套"二级指标得分及分布情况

1. 自贸试验区新添海南和雄安，东部地区涉外园区数量最多

2017 年国务院批复辽宁、浙江、河南、湖北、重庆、四川、陕西 7 个自贸试验区，2018 年 4 月，随着海南、雄安"自贸试验区"身份的确定，截至目前，中国自贸试验区形成了"1+3+7+2"共 4 批 13 个的新格局，将进一步推进全方位对外开放。

93.55%（29 个）的省区市积极布局涉外园区，建立国家级边境经济合作区、保税区、出口加工区、保税物流园区等，深化对外经贸合作。从区域看，东部地区涉外园区数量最多，占比达 60.24%（见图 9），其中，江苏表现突出，国家级出口加工区和综合保税区数量最多；与 2017 年相比，西部地区新增首个以航空产业为发展特色的综合保税区——西安航空基地综合保税区（陕西），东部地区新增杭州综合保税区（浙江）。

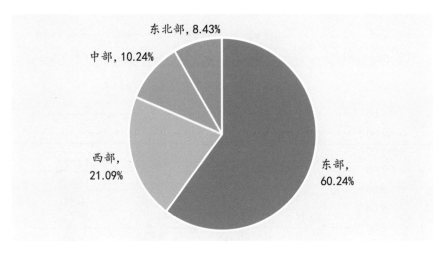

图 9　四大区域涉外园区数量占比

2. 中欧班列区域带动和辐射力不断增强，广东、北京、江苏直飞"一带一路"航线最多

"交通基础设施"指标的平均分为 6.91 分（满分为 14.00 分），广东、山东、新疆、辽宁、浙江分列前五。"铁路联通度"指标得分率最高（见图 10），达 75.60%，其次是"航空联通度"指标。在铁路方面，据中国铁路总公司统计，截至 2018 年 4 月 15 日，中欧班列累计开行 7891 列，其中国内开行线路达 65 条，国内稳定开行中欧班列的城市增加到 43 个，到达欧洲 14 个国家 42 个城市。中欧班列逐渐形成助推中部和西部地区对外贸易发展的新动力，中欧班列途经数量排名前十的省区市中，中西部占据一半以上（见图 11）。

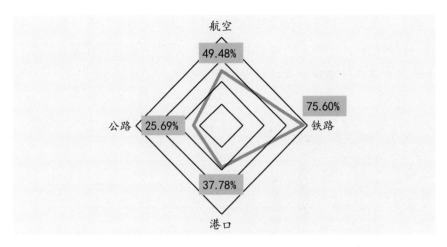

图 10　各省区市不同交通基础设施联通的得分率情况

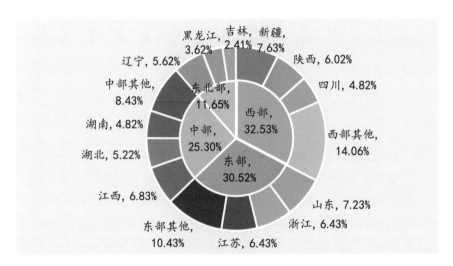

图 11　四大区域中欧班列途经数量占比

在航空方面，飞常准大数据研究院数据显示，2017 年广东、北京、江苏直飞"一带一路"国家航线最多，分别为 84 条、49 条、45 条；新开直飞"一带一路"国家航线中，也以广东、海南、江苏直飞航线最多，分别新开 24 条、22 条、22 条。三分之一的省区市与"一带一路"国家航空旅客运输量达百万人次，其中上海、广东、北京、福建、四川最多（见图12）。在港口方面，山东、浙江、江苏、广东、上海等地港口外贸货物吞吐量继续保持前五名（见图13）。

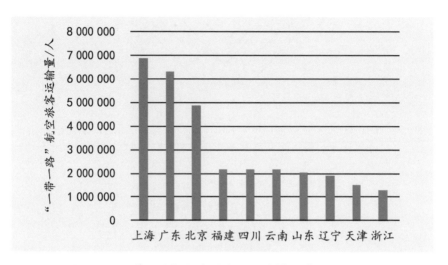

图12 "一带一路"航空旅客运输量排名前十的省区市

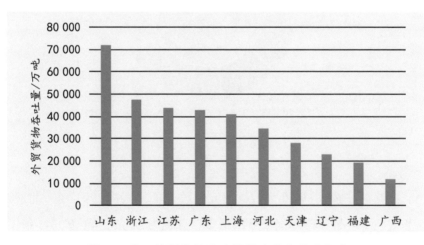

图13 港口外贸货物吞吐量排名前十的省区市

（三）各地与"一带一路"国家经贸合作持续深化，山东、天津、浙江、江苏、广东表现突出

"经贸合作"指标包含贸易合作、投资合作、重大合作项目3个二级指标（见表8），总体平均分为18.27分（满分为32.00分），较2017年提高0.58分，经贸合作水平稳步提升；山东、天津、浙江、江苏、广东分列前五（见表9）。从区域看，东部地区对"一带一路"国家经贸合作水平最好，平均分为24.07分，且在贸易合作、投资合作、重大合作项目方面均表现突出；西部地区相对较弱（见图14）。

表8 "经贸合作"二级指标得分情况

一级指标	二级指标	权重	最高得分	最低得分	平均分	得分率/%
经贸合作	贸易合作	12	11.51	0.18	6.84	57.00
	投资合作	12	10.79	0.78	6.83	56.92
	重大合作项目	8	8.00	0.75	4.60	57.50

表9 "经贸合作"指标得分高于平均分的省区市

排名	省区市	得分	排名	省区市	得分
1	山东	28.55	10	湖北	22.09
2	天津	26.33	11	辽宁	21.94
3	浙江	26.24	12	湖南	21.79
4	江苏	26.22	13	福建	21.65
5	广东	25.75	14	黑龙江	21.33
6	北京	24.04	15	四川	20.94
7	上海	22.72	16	新疆	19.17
8	河北	22.52	17	陕西	19.13
9	河南	22.35	—	—	—

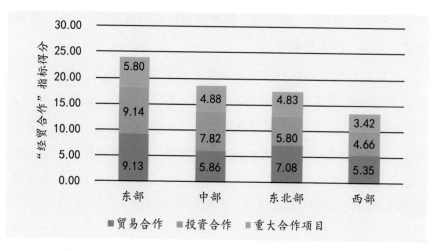

图 14 四大区域"经贸合作"二级指标得分及分布情况

1. 东部地区与"一带一路"国家贸易占比近 80%，"一带一路"国家成西部地区主要贸易对象

2017 年中国与"一带一路"国家的进出口总额扭转连续两年下降的局面（见图 15），达 14 403.16 亿美元，实现较快增长，增速达 13.45%。其中，东部地区与"一带一路"国家进出口总额为 11 494.11 亿美元，较 2016 年增长 13.07%，占全国与"一带一路"国家进出口总额的 79.80%，其次是西部地区（9.96%）、中部地区（5.96%）、东北部地区（4.28%）（见图 16）。从具体省区市看，广东、江苏、浙江、山东和上海与"一带一路"国家的进出口总额排名前五（见图 17）；与 2016 年相比，70.97% 的省区市对"一带一路"贸易额有所增长，其中增速最快的省区市分别是新疆、河北、四川，增幅均在 60% 以上。

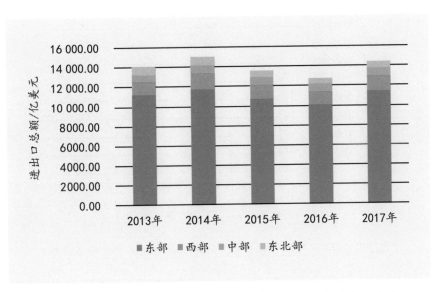

图 15 2013—2017 年四大区域对"一带一路"国家进出口总额

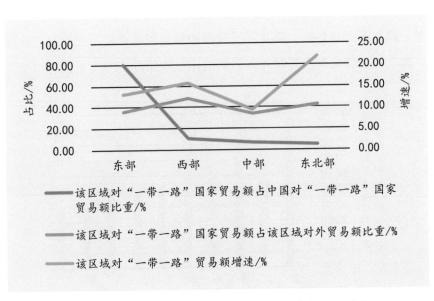

图 16 四大区域对"一带一路"国家贸易占比及增速

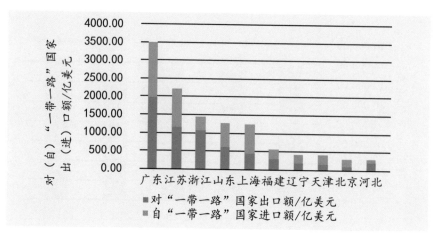

图 17　2017 年与"一带一路"国家贸易额排名前十的省区市

从各区域与"一带一路"国家贸易额占本地区对外贸易额的比重看，西部地区最高，达 48.09%，其次为东北部地区（41.68%）、东部地区（35.09%）、中部地区（33.35%），从具体省区市看，"一带一路"国家是新疆、黑龙江、云南的重要贸易对象，三地对"一带一路"国家贸易额占其对外贸易额的比重均超过 70%（见图 18）。

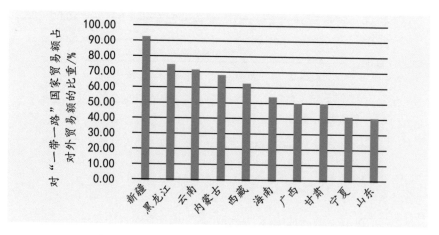

图 18　2017 年与"一带一路"国家贸易额占

对外贸易额比重排名前十的省区市

2. 各地对外直接投资合作保持稳定发展

"投资合作"指标平均分6.83分（满分为12.00分），湖南、天津、山东、北京、浙江分列前五。各地对外投资势头强劲，32.26%（10个）的省区市对外直接投资额存量高于100亿美元，其中广东达1250.43亿美元（见图19）；通过对各省区市对外投资存量及其2014—2016年对外投资增速对比分析，重庆、新疆、陕西、广西对外投资存量相对较小，同时每年均保持增长；广东、上海、北京、江苏、浙江、福建、湖南对外投资存量较大，每年依然保持增长。在对外承包工程方面，广东、山东、上海、江苏、湖北、湖南等地对外承包工程完成营业额最多，云南、山东、广东等地对"一带一路"国家投资合作项目较多。

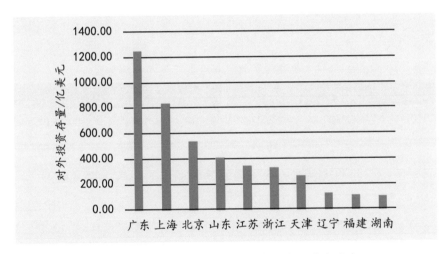

图19　2016年对外投资存量排名前十的省区市

（四）各地积极推动形式多样的对外人文合作，西部地区表现突出

"人文交流"指标包含友好城市、旅游热度、教育合作、交流活跃度4个二级指标（见表10），总体平均分为9.34分（满分为16.00分），

上海、北京、山东、广东、江苏分列前五（见表 11）。从 4 个二级指标看，"友好城市"得分率（78.75%）最高，且各地间差距最小（见图 20）；"交流活跃度"各地间差距最大，离散系数为 0.65。从区域看，中部和东北部交流活跃度较低，西部地区旅游热度和教育合作相对较弱（见图 21）。

表 10　"人文交流"二级指标得分情况

一级指标	二级指标	权重	最高得分	最低得分	平均分	得分率/%
人文交流	友好城市	4	4.00	0.85	3.15	78.75
	旅游热度	4	4.00	0.04	2.30	57.50
	教育合作	4	4.00	0.00	2.42	60.50
	交流活跃度	4	4.00	0.45	1.47	36.75

表 11　"人文交流"指标得分高于平均分的省区市

排名	省区市	得分	排名	省区市	得分
1	上海	15.77	10	广西	11.01
2	北京	15.61	11	河南	10.90
3	山东	13.73	12	陕西	10.85
4	广东	13.52	13	云南	10.57
5	江苏	12.86	14	黑龙江	10.39
6	浙江	12.59	15	福建	10.34
7	湖北	12.41	16	内蒙古	10.29
8	四川	11.25	17	湖南	9.81
9	辽宁	11.18	18	吉林	9.59

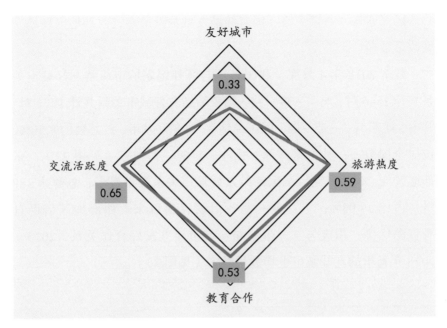

图 20 "人文交流"二级指标得分的离散系数

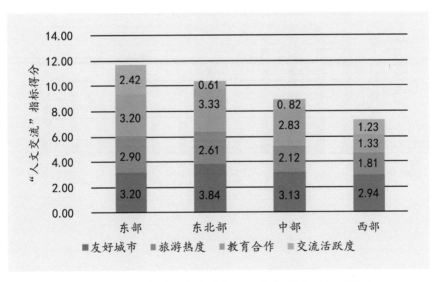

图 21 四大区域"人文交流"二级指标得分及分布情况

1. 江苏与"一带一路"国家缔结友城数量最多，西部地区新增友城数量最多

截至 2018 年 4 月底，我国各地与海外国家城市缔结友好城市关系共计 2546 对，与"一带一路"国家缔结友好城市关系共计 1023 对。其中，江苏与"一带一路"国家缔结 87 对友好城市，占总数的 8.50%，位居全国第一；其次是广西、山东、广东、黑龙江（见图 22）。东部地区与"一带一路"国家缔结友好城市关系数量最多，总数达 389 对，占比 38.03%；"一带一路"倡议提出以来，西部地区借助自身资源优势，积极与"一带一路"城市建立友好合作关系，2013—2018 年新增的友好城市平均数量最多（见图 23）。

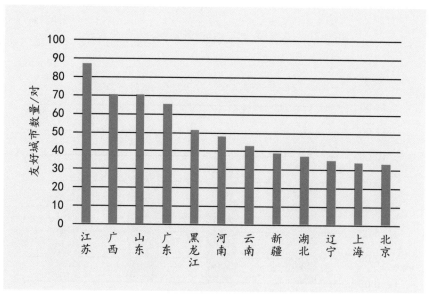

图 22　友好城市数量高于平均数的省区市

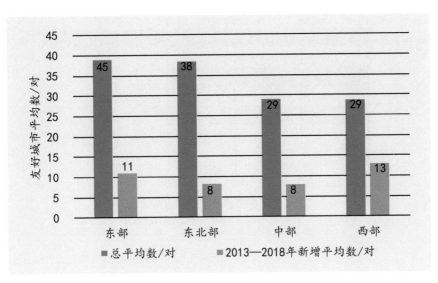

图 23 四大区域友好城市数量平均数

2.河南新增海外合作办学数量较多，东部和西部地区对外文化交流活动频繁

各地积极通过与海外国家合作办学共同促进学术交流和人才培养。据统计，截至 2018 年 4 月 8 日，各地中外合作办学机构和项目数量共计 1261 个，较 2017 年同期新增 56 个。黑龙江、上海、江苏、河南、北京分列前五，其中河南较去年同期新增海外合作办学机构及项目数量最多，达 15 个。从区域看，各区域较 2017 年同期均有所增加（见图 24），但各区域海外教育合作水平差距依然显著，其中东北部地区和东部地区表现突出，合作办学数量较多；而西部地区明显较弱，仅重庆与四川相对较多。

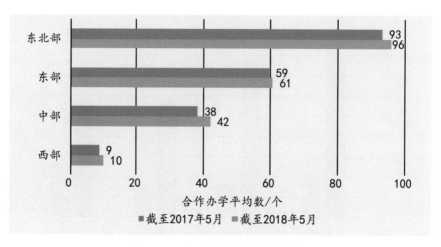

图 24 四大区域合作办学平均数

2017 年至今，各地积极发起或召开"一带一路"相关论坛、研讨会、博览会、文化年、艺术节等形式多样的对外交流活动，北京、上海、海南、广东、山东对外交流活动最为频繁。从区域看，东部和西部地区较为活跃，排名前十的省区市中有 6 个来自东部地区、4 个来自西部地区，东北部地区举办各类"一带一路"交流活动相对较少（见图 25）。

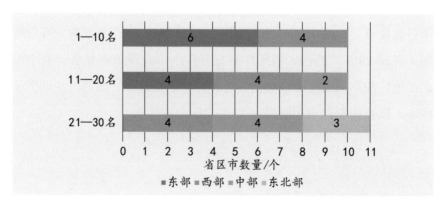

图 25 四大区域"交流活跃度"不同排名段的省区市数量

3."一带一路"助推国际旅游合作，入境游客量增幅明显

"一带一路"为各地旅游业带来了全新的发展机遇，各地旅游主管部门大力打造丝路特色旅游品牌和服务，掀起"一带一路"旅游热，2016—2017年吸引外国入境游客数量大幅增加（见图26），其中广东、上海、北京、云南、浙江等地外国人入境过夜游客人数最多。国家旅游数据中心《2017年全年旅游市场及综合贡献数据报告》显示，2017年入境外国游客主要来自亚洲（74.6%）、美洲（8.2%）、欧洲（13.7%）等区域国家，前三大外国客源市场是缅甸、越南、韩国，主要客源市场中有近三分之二的国家是"一带一路"国家。中国旅游研究院、携程发布《2017年中国出境旅游大数据报告》显示，泰国、日本、新加坡、越南、印度尼西亚是2017年最受中国游客欢迎的前五大目的地国家，摩洛哥和土耳其成为出境游黑马，增速均超过三倍。

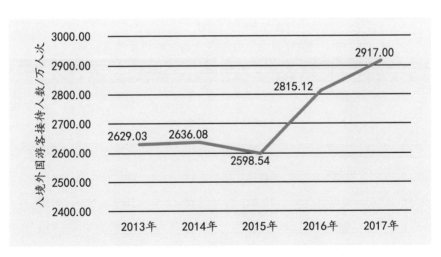

图26　2013—2017年我国入境外国游客接待人数

（五）海南、上海、北京、新疆、山东等地"一带一路"建设的综合影响力最强，北京、上海、海南三地国内、国外影响力呈"双高"

"一带一路"倡议提出后，各地立足自身独特优势、抓住对外开放新机遇，积极参与"一带一路"建设，国内外影响力不断提升。"综合影响"指标包含国内影响力、国外影响力2个二级指标（见表12），总体平均分为8.31分（满分为12.00分），海南、上海、北京、新疆、山东分列前五（见表13）。从区域看，四大区域国内影响力均高于国外影响力，其中东部地区综合影响力最强（见图27）；东北部地区和中部地区"一带一路"建设国内外影响力均较弱。

表12 "综合影响"二级指标得分情况

一级指标	二级指标	权重	最高得分	最低得分	平均分	得分率/%
综合影响	国内影响力	6	6.00	2.74	4.62	77.00
	国外影响力	6	6.00	2.48	3.69	61.50

表13 "综合影响"指标得分高于平均分的省区市

排名	省区市	得分	排名	省区市	得分
1	海南	11.66	8	云南	9.81
2	上海	11.56	9	广东	9.70
3	北京	11.03	10	天津	9.38
4	新疆	10.42	11	浙江	9.19
5	山东	10.31	12	江苏	8.96
6	重庆	9.90	13	湖南	8.61
7	四川	9.83	14	贵州	8.54

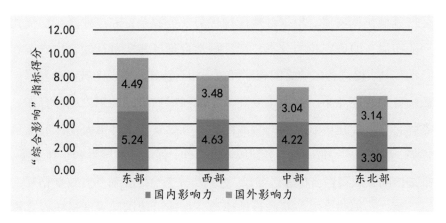

图 27 四大区域"综合影响"二级指标得分及分布情况

对比省区市国内影响力和国外影响力，北京、上海、海南三地呈"双高"。北京和上海依托地理、政治、经济优势获得较多关注，海南从建立完善"一带一路"地方联动机制到共建"一带一路"海洋发展合作示范区，从共建岛屿发展命运共同体到共同打造"泛南海旅游经济圈"，相关合作稳步推进，受到国内外媒体和网民的广泛关注。从国内和国外媒体和网民关注的重点省区市看，均对东部和西部省区市关注最多。

四、发展建议

测评发现，近一年来，各地充分发挥自身优势，通过发展中欧班列、促进贸易便利化和双向投资、搭建经贸合作平台和人文交流平台等深入参与"一带一路"建设，建设成效显著。但也存在区域参与水平不均衡、软硬件设施建设滞后等问题。为继续鼓励和引导各地深度参与"一带一路"建设，进一步提升开放水平，建议：

第一，加强政策统筹协调，充分发挥各地区位优势，加强区域合作，促进区域协调发展。根据各地区位优势、资源条件和产业基础，优化产业布局，明确定位与分工，制订科学合理、切实可行的合作方案和行动计划，促进各区域之间相互开放、相互协作，实现区域联动发展。鼓励各地有序竞争，避免重复建设，加强中欧班列的国内国际合作、省际合作，优化中欧班列的货源配置。继续发挥东部沿海地区的港口优势，深化与"一带一路"多领域海上合作，促进陆海统筹和东西互济，推进内陆开放型经济试验区建设，进一步完善全方位对外开放新格局。

第二，加强全方位基础设施建设，提速沿边国际大通道建设，推进贸易和投资自由化、便利化。依托重点开发开放试验区、沿边国家级口岸、边境经济合作区和跨境经济合作区等沿边重点地区，加快边境口岸设施、跨境铁路、口岸高速公路等一批互联互通重点项目建设；继续拓展与"一带一路"国家的境外航线，强化国际航空枢纽功能，实现"一带一路"主要城市全覆盖，集中力量推进沿海核心港区建设，推动交通商贸物流发展；着力推进自贸区建设，对接高标准国际经贸规则，依托中欧班列建设加快与"一带一路"国家构建陆上贸易规则；积极发展跨境贸易、跨境旅游、跨境加工、跨境金融、跨境电商、跨境物流等产业。

第三，健全与"一带一路"国家文化交流合作机制，鼓励各地特色文化交流，进一步扩大国内外影响力。探索设立"一带一路"建设教育合作、智库交往专项资金，支持共同开展相关领域国际交流合作；支持高校与"一带一路"国家探索合作办学模式，继续加强国家语言能力建设，建立人才培养基地，弥补人文交流中的人才缺口；充分发挥各地文化资源优势，与"一带一路"国家联合打造特色旅游产品，推动旅游业转型升级；通过举办国际博览会、文化节等活动，促进文化交流，利用多渠道多途径加强信息深度分析，着力加强国际传播能力建设和信息交流沟通，增强各地对外宣传交流的影响力。

"一带一路"国家投资环境评价报告

为综合反映"一带一路"的投资环境情况，国家信息中心"一带一路"大数据中心研发了"一带一路"国家投资环境指数，从政治环境、经济环境、营商环境、自然环境、对华关系等五个方面对71个"一带一路"国家进行测评。测评结果显示，超半数"一带一路"国家投资环境处于较高水平，尤以亚洲大洋洲、东欧地区国家投资环境较好。从具体测评维度看，"政治环境"方面，东欧地区总体稳定，中亚、西亚和南亚各存短板；"经济环境"方面，越南、印度、以色列排名前三，西亚富裕国家的金融环境较好；"营商环境"方面，新加坡、新西兰、阿联酋最优，政府治理和市场环境是多数国家的短板；"自然环境"方面，各国资源禀赋差别明显，气候总体平稳；"对华关系"方面，"一带一路"国家对华关系总体较好，为投资合作奠定良好基础。

当前，"一带一路"建设已进入全面实施新阶段，我国与"一带一路"国家的经贸投资合作水平不断提升。五年来，我国与"一带一路"国家货物贸易累计超过5万亿美元，对外直接投资超过700亿美元，一批重大项目取得早期收获，为携手各国共同发展提供强劲动力。在对外投资蓬勃发展的同时，也应注意到"一带一路"国家多为发展中国家，总体上投资配套政策匮乏、基础设施薄弱，且部分国家政局动荡不稳、经济复苏乏力，甚至饱受战争和恐怖主义威胁。为客观梳理各国投资环境的优势和不足，帮助企业在投资合作过程中发掘机遇、规避风险，2018 年国家信息中心"一带一路"大数据中心构建了"一带一路"国家投资环境指数，并对 71 个国家进行了测评。

一、指数介绍

"一带一路"国家投资环境指数从政治环境、经济环境、营商环境、自然环境、对华关系等方面构建了包括 5 个一级指标、13 个二级指标、28 个三级指标在内的评价指标体系（见表 1）。

"政治环境"考察一国内部和外部的总体政治背景。政治环境一旦发生系统性风险，会对我国境外投资项目建设造成重大甚至颠覆性的危害。该指标下设政治稳定性、社会稳定性、外部稳定性 3 个二级指标。其中，"政府稳定性"考察一国政府维护自身政权稳定以及有效制定和执行政策的能力；"社会稳定性"主要分析一国社会层面是否存在内部冲突；"外部稳定性"考察一国外部环境是否稳定，以及境外势力与行为对该国政府决策产生的影响。

"经济环境"考察在一国开展商业活动所处的社会经济条件，其运行状况和发展趋势会直接或间接地对商业活动产生影响。该指标下设经济基础和金融环境 2 个二级指标。其中，"经济基础"指一国国民经济的总体水平及其运行状态；"金融环境"是指一国金融市场的运行情况。

"营商环境"旨在衡量和评估一国的影响企业活动发展的环境。该指标下设政府治理、市场环境、基础设施 3 个二级指标。其中，"政府治理"侧重考察一国政府能否为境外投资者提供高效廉洁的行政环境；"市场环境"考察影响营销活动的市场容量、法规政策等外部因素；"基础设施"考察一国电力、交通、通信等公共基础设施完备水平。

"自然环境"旨在考察一国的矿产资源、气候以及面临自然灾害等的环境状况。下设矿产资源、气候 2 个二级指标。其中，"矿产资源"衡量一国化石能源和其他矿产的储量以及矿物产品出口的情况；"气候"考察一国发生极端天气的情况。

"对华关系"旨在考察一国与中国的政府间和民间交往密切程度。下设政治互信、投资保障、文化好感3个二级指标。其中，"政治互信"考察两国高层互访次数以及伙伴关系类别，反映两国政治合作关系水平；"投资保障"考察两国间签订双边或多边投资保障文件的情况；"文化好感"考察一国对中国整体情感以及华人华侨数量、孔子学院和孔子课堂数量等民间交往情况。

"一带一路"国家投资环境指数评价体系总分100.00分，投资环境水平划分为"高"（80.00—100.00分，含100.00分）、"较高"（60.00—80.00分，含80.00分）、"中等"（40.00—60.00分，含60.00分）、"较低"（20.00—40.00分，含40.00分）、"低"（0.00—20.00分，含20.00分）五个等级。

参评国家及所属区域划分与"一带一路"国别合作度指数一致。测评方法详见《"一带一路"大数据报告》（2016）[①]。

表1 "一带一路"国家投资环境指数指标体系

一级指标	二级指标	三级指标	指标说明
政治环境（22）	政治稳定性（8）	政权平稳度（4）	考察该国政体持续性、现任领导任职时间、有关势力成功或企图策划政变等方面，反映该国政治体制的平稳度。
		治理包容度（4）	考察该国党派之争、政治歧视、精英族群的政治色彩、政体分裂程度、执政精英的排他思想等方面，反映该国政治的包容度。
	社会稳定性（6）	恐怖袭击（3）	考察该国遭受恐怖袭击的次数。
		暴力犯罪（3）	考察该国暴力犯罪的数量，反映该国社会治安的情况。
	外部稳定性（8）	—	考察该国受到的外部暴力和非暴力的压力，反映该国所处国际环境。

① 国家信息中心"一带一路"大数据中心《"一带一路"大数据报告》（2016），商务印书馆，2016年，第18—20页。

（续表）

一级指标	二级指标	三级指标	指标说明
经济环境（22）	经济基础（12）	经济发展水平（5）	考察该国的 GDP、GDP 平均增长率，反映该国经济发展现状。
		国际收支（3）	考察该国经常账户余额占 GDP 的比例，反映该国对出口的依赖程度。
		通货膨胀（2）	考察该国按 GDP 平减指数衡量的通货膨胀率。
		就业水平（2）	考察该国的总就业比率。
	金融环境（10）	汇率稳定性（5）	考察该国汇率五年波动情况，反映该国的汇率稳定程度。
		外债偿付（5）	考察该国外债占 GDP 的比例，反映该国债务负担大小。
营商环境（22）	政府治理（8）	行政效率（2）	考察该国官僚机构的能力和提供公共服务的质量。
		法治程度（2）	考察该国社会成员信任并遵守社会规则的程度，如遵从契约、听从警察、服从法律的情况。
		汇兑限制（2）	考察该国汇兑限制和多种货币措施（歧视性货币措施）的数量。
		税务负担（2）	考察该国社会总税率，反映该国整体税务负担程度。
	市场环境（6）	市场容量（2）	考察该国的人口数量和人均 GDP，反映该国的市场大小和潜力。
		商业管制（2）	考察该国投资限制、资本管制、外国人自由活动程度等方面，反映该国人员、资金的自由程度。
		劳动力市场监管（2）	考察最低工资、雇用和解雇条例、集体谈判、工作时间的规定、解雇雇员的规定等，反映劳动力相关规章制度完备程度。
	基础设施（8）	电力设施（3）	考察该国的通电率。
		运输基础设施（5）	考察该国港口、机场、公路、铁路、仓储与转运和 ICT 等设施完备程度。

（续表）

一级指标	二级指标	三级指标	指标说明
自然环境（18）	矿产资源（15）	矿物储量（8）	考察该国石油、天然气、煤炭、铁矿石、铜矿石等自然资源的储量。
		矿产品出口（7）	考察该国矿砂、矿物燃料、矿物油等矿产品的出口情况。
	气候（3）	—	考察该国干旱、洪水和极端气候影响人口占总人口的百分比，反映该国气候平稳程度。
对华关系（16）	政治互信（4）	高层互访（2）	考察该国与中国高层互访次数，反映两国政治交往密切程度。
		伙伴关系（2）	考察该国与中国伙伴关系类别，反映两国双边合作紧密程度。
	投资保障（3）	双边投资协定（1）	考察该国与中国是否签订双边投资协定。
		双边监管合作协议（1）	考察该国与中国是否签订双边监管合作谅解备忘录和监管合作协议。
		多边税收条约（1）	考察该国与中国是否签订多边税收条约。
	文化好感（9）	民众积极情绪（6）	考察该国对中国整体情感，反映民众对中国的友好程度。
		文化融合（3）	考察该国华人华侨人数、孔子学院和孔子课堂数量，反映两国民间交往程度。

二、总体评价结论

（一）超半数"一带一路"国家投资环境处于"较高"水平，新加坡、新西兰、韩国位列前三

测评结果显示，"一带一路"国家投资环境的平均分为 61.13 分，处于"较高"水平，新加坡、新西兰、韩国、阿联酋、俄罗斯的投资环境位列前五。其中，38 个国家处于"较高"水平，占比 53.52%；31 个国家处于"中等"水平，占比 43.66%；2 个国家处于"较低"水平，占比 2.82%（见表 2）。

表2 "一带一路"国家投资环境指数得分排名

排名	国家	总分	等级	排名	国家	总分	等级
1	新加坡	78.19		29	克罗地亚	64.72	
2	新西兰	77.76		30	保加利亚	64.53	
3	韩国	76.60		31	巴林	63.39	
4	阿联酋	75.14		32	塞尔维亚	63.29	较高
5	俄罗斯	74.83		33	摩洛哥	63.12	
6	印度尼西亚	74.13		34	巴基斯坦	62.93	
7	波兰	73.66		35	土耳其	62.25	
8	匈牙利	73.19		36	马其顿	61.55	
9	越南	72.29		37	蒙古国	60.32	
10	捷克	71.75		38	约旦	60.26	
11	泰国	71.71		39	柬埔寨	59.65	
12	卡塔尔	69.69		40	阿塞拜疆	59.63	
13	马来西亚	69.66		41	老挝	59.30	
14	沙特阿拉伯	69.58	较高	42	埃及	58.98	
15	立陶宛	69.38		43	伊朗	58.95	
16	拉脱维亚	68.90		44	亚美尼亚	58.59	
17	以色列	68.83		45	白俄罗斯	57.78	
18	爱沙尼亚	68.64		46	阿尔巴尼亚	57.56	
18	罗马尼亚	68.64		47	塔吉克斯坦	57.24	
20	印度	68.54		48	斯里兰卡	57.09	中等
21	科威特	68.02		49	格鲁吉亚	56.98	
22	阿曼	66.74		50	缅甸	56.79	
23	哈萨克斯坦	66.54		51	乌兹别克斯坦	56.54	
24	斯洛文尼亚	66.29		52	黑山	56.15	
25	斯洛伐克	66.00		53	波黑	55.23	
26	菲律宾	65.67		54	吉尔吉斯斯坦	55.09	
27	南非	65.41		55	土库曼斯坦	55.03	
28	文莱	64.73		56	巴拿马	54.72	

（续表）

排名	国家	总分	等级	排名	国家	总分	等级
57	伊拉克	54.02		64	摩尔多瓦	50.35	
58	埃塞俄比亚	53.75		66	东帝汶	46.15	
59	孟加拉国	53.32		67	也门	45.83	中等
60	马达加斯加	53.29		68	阿富汗	45.81	
61	黎巴嫩	52.14	中等	69	不丹	45.26	
62	尼泊尔	51.69		70	叙利亚	31.01	较低
63	乌克兰	51.53		71	巴勒斯坦	27.47	
64	马尔代夫	50.35			平均分	61.13	较高

（二）亚洲大洋洲、东欧地区总体投资环境较好，西亚地区国家间投资环境差异较大

从地域分布看，亚洲大洋洲、东欧地区的多数国家投资环境处于"较高"水平（见图1），平均分最高，分别为66.64分、64.20分（见图2）；西亚地区国家间差距较大，极差值在六大区域中最大，为47.67分；南亚地区国家的投资环境水平整体不高，区域内75%的国家处于"中等"水平；中亚、非洲及拉美地区国家投资环境水平普遍欠佳，中亚地区最高的国家为哈萨克斯坦，排第23位，非洲及拉美地区得分排名最高的国家为南非，排第27位。

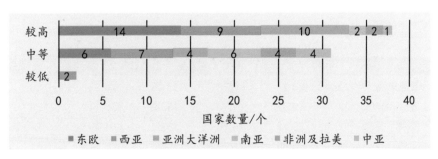

图1　"一带一路"国家投资环境指数各排名段国家区域分布

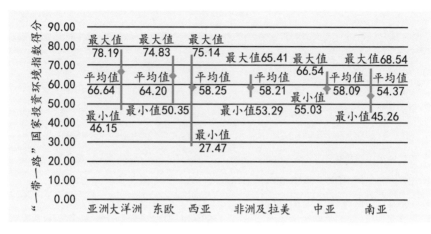

图 2 六大区域国家间"一带一路"国家投资环境指数得分差距情况

（三）各国"政治环境"得分相对较好，但自然环境禀赋不同，国家间差距较大

从一级指标得分情况看，"政治环境"得分率最高，达到70.23%，且国家间差距最小，反映"一带一路"国家整体政治环境相对稳定。"自然环境"的得分率（47.11%）最低，离散系数最高，反映"一带一路"国家矿产资源、气候环境禀赋差距较大。从具体区域看，亚洲大洋洲在投资环境的各个方面表现较为均衡，尤以经济环境、对华关系表现最好；中亚地区在自然环境、对华关系方面表现较好；东欧地区则在政治环境、营商环境方面表现较为突出（见表3、图3）。

表 3 "一带一路"国家投资环境指数一级指标得分情况

一级指标	权重	最高得分	最低得分	平均分	得分率 /%	离散系数
政治环境	22	20.71	6.73	15.45	70.23	0.20
经济环境	22	19.32	1.80	13.89	63.14	0.23
营商环境	22	20.72	4.10	13.63	61.95	0.24
自然环境	18	16.90	2.29	8.48	47.11	0.31
对华关系	16	14.80	4.63	9.67	60.44	0.24

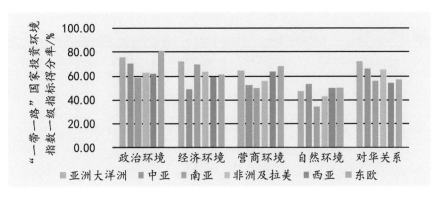

图 3 六大区域"一带一路"国家投资环境指数一级指标得分率

三、分项结论

（一）"政治环境"方面，东欧地区总体稳定，中亚、西亚和南亚各存短板

"政治环境"指标包括政治稳定性、社会稳定性、外部稳定性 3 个二级指标（见表 4），总体平均分为 15.45 分（满分为 22.00 分）。"政治环境"指标得分排名前五的国家分别是爱沙尼亚、拉脱维亚、斯洛文尼亚、新西兰和蒙古国，东欧国家包揽前三名。"政治环境"排名前二十的国家中，除西亚地区的阿联酋和科威特外，均为东欧和亚洲大洋洲地区国家，其中东欧地区国家有 13 个（见表 5）。

表 4 "政治环境"二级指标得分情况

一级指标	二级指标	权重	最高得分	最低得分	平均分	得分率 /%
政治环境	政治稳定性	8	8.00	2.00	5.56	69.50
	社会稳定性	6	5.53	1.01	3.86	64.33
	外部稳定性	8	7.67	2.67	6.03	75.38

表5 "政治环境"指标得分排名前二十的国家

排名	国家	得分	排名	国家	得分
1	爱沙尼亚	20.71	11	韩国	18.93
2	拉脱维亚	20.23	12	立陶宛	18.74
3	斯洛文尼亚	20.06	13	新加坡	18.51
4	新西兰	19.99	14	罗马尼亚	18.46
5	蒙古国	19.79	14	科威特	18.46
6	阿联酋	19.77	16	阿尔巴尼亚	18.30
7	捷克	19.64	17	白俄罗斯	17.94
8	斯洛伐克	19.60	18	印度尼西亚	17.66
9	波兰	19.35	19	克罗地亚	17.59
10	匈牙利	19.27	20	马其顿	17.53

1. 东欧地区政治稳定性领先，中亚地区政治稳定性较弱

二级指标"政治稳定性"平均分 5.56 分（满分为 8.00 分）。从区域来看，东欧地区领先于其他地区，中亚地区最低（见图 4）。另据美国系统和平中心（Center for Systemic Peace）发布的《2017年全球报告：冲突、治理和脆弱状态》（*Global Report 2017: Conflict, Governance and State Fragility*），中亚国家吉尔吉斯斯坦"政治有效性"和"政治合法性"两项指标均为"高脆弱性"，哈萨克斯坦的上述两项指标为"中度脆弱性"。

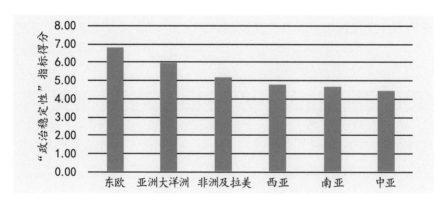

图 4 六大区域"政治稳定性"指标得分情况

2.西亚和南亚国家恐怖袭击时有发生，社会稳定性总体偏低

二级指标"社会稳定性"平均分为3.86分（满分为6.00分），卡塔尔、新加坡、文莱、阿联酋、爱沙尼亚分列前五。西亚和南亚地区得分总体偏低与恐怖袭击多发有关。西亚和南亚地区的部分国家，恐怖主义隐患未得到有效遏制，恐怖袭击时有发生。全球恐怖主义数据库（GTD）统计显示，2016年"一带一路"国家中有45个发生过恐怖袭击，其中恐怖袭击次数超过100起的有11个国家（见图5）。

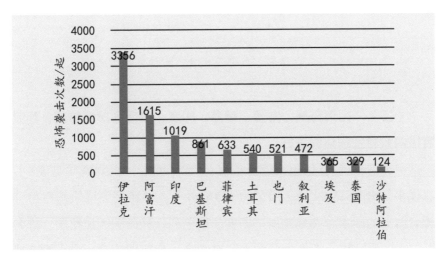

图5　2016年恐怖袭击次数超过100起的"一带一路"国家

3.中亚、亚洲大洋洲、东欧地区的外部环境相对稳定

二级指标"外部稳定性"平均分为6.03分（满分为8.00分），蒙古国、阿联酋、爱沙尼亚、罗马尼亚、拉脱维亚排名前五。从区域来看，中亚、亚洲大洋洲、东欧地区属于较高得分的梯队，南亚、非洲及拉美、西亚地区属于较低得分的梯队（见图6）。而西亚地区的叙利亚自2011年处于战争状态以来，已造成超过35万人丧生，超过

500 万人出逃沦为难民，战争直接影响了整个西亚地区的安全局势。

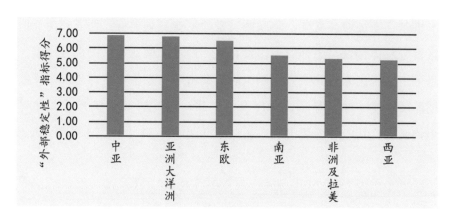

图 6 六大区域"外部稳定性"指标得分情况

（二）"经济环境"方面，越南、印度、以色列排名前三，西亚富裕国家的金融环境较好

"经济环境"指标包括经济基础、金融环境2个二级指标（见表6），总体平均分为 13.89 分（满分为 22.00 分）。"经济环境"指标得分排名前五的国家分别是越南、印度、以色列、韩国和孟加拉国。排名前二十的国家中，亚洲大洋洲地区有 8 个，南亚地区有 3 个，西亚地区有 5 个，东欧地区有 4 个（见表7）。越南、印度、孟加拉国等发展中国家在 GDP 增速、汇率、通货膨胀率等指标上相对均衡，经济发展势头较好。

表 6 "经济环境"二级指标得分情况

一级指标	二级指标	权重	最高得分	最低得分	平均分	得分率 /%
经济环境	经济基础	12	9.82	0.80	6.34	52.83
	金融环境	10	10.00	1.00	7.55	75.50

表7 "经济环境"指标得分排名前二十的国家

排名	国家	得分	排名	国家	得分
1	越南	19.32	11	柬埔寨	16.72
2	印度	18.69	12	巴林	16.51
3	以色列	18.27	13	沙特阿拉伯	16.45
4	韩国	18.10	14	伊拉克	16.37
5	孟加拉国	17.67	15	卡塔尔	16.33
6	泰国	17.57	16	捷克	16.26
7	菲律宾	17.35	17	拉脱维亚	16.16
8	新加坡	17.19	18	立陶宛	15.87
9	巴基斯坦	17.10	19	马来西亚	15.86
10	印度尼西亚	16.82	20	波兰	15.73

1. 越南、印度等国家经济展现强劲发展动力

二级指标"经济基础"平均分为 6.34 分（满分为 12.00 分），越南、印度、韩国、以色列、马来西亚排名前五。得分排名前十的国家中，亚洲大洋洲地区国家 7 个，占绝对多数（见图 7）。其中，越南的经常账户余额占 GDP 比例约 4.01%，通货膨胀率为 2.34%，均处于较合理水平，近五年 GDP 年增长率也达 6%。印度的 GDP 总量在 71 国中最高，GDP 年增长率超过 7%，为其经济环境奠定良好基础。

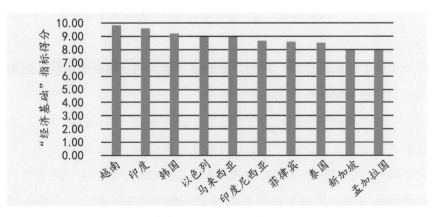

图7 "经济基础"指标得分排名前十的国家

2.沙特阿拉伯等西亚产油国金融环境平稳

二级指标"金融环境"平均分为 7.55 分（满分为 10.00 分），沙特阿拉伯、卡塔尔、也门、东帝汶、马尔代夫排名前五。西亚地区一些资源丰富的国家凭借其稳定的汇率和较低的外债比例取得较高得分，前二十名国家中西亚地区占据 8 席（见图 8）。尤其在汇率方面，西亚地区的沙特阿拉伯、阿联酋、卡特尔、巴林、阿曼等国家2013—2017 年间汇率几乎未变，持续保持较高的稳定性。

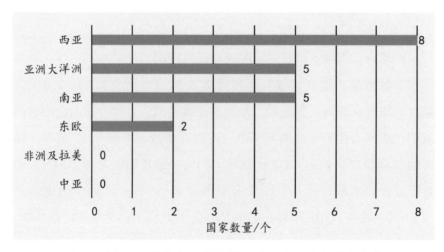

图 8　"金融环境"指标得分排名前二十的国家地域分布

（三）"营商环境"方面，新加坡、新西兰、阿联酋最优，政府治理和市场环境是多数国家的短板

"营商环境"指标包括政府治理、市场环境、基础设施 3 个二级指标（见表 8），总体平均分为 13.63 分（满分为 22.00 分）。"营商环境"指标得分排名前五的国家分别是新加坡、新西兰、阿联酋、以色列和卡塔尔。排名前二十的国家分布在东欧（8 个）、西亚（7 个）、亚洲大洋洲（5 个）地区（见表 9）。二级指标中"基础设施"

得分率为 70.25%，"政府治理""市场环境"得分率分别为 59.75%
和 53.83%，相比于基础设施等硬件建设而言，政府治理和市场环境
等软性环境尚待提升。值得一提的是，新加坡在政府治理、市场环境、
基础设施等 3 项二级指标中均排名第一，拥有最佳的营商环境。

表 8　"营商环境"二级指标得分情况

一级指标	二级指标	权重	最高得分	最低得分	平均分	得分率 /%
营商环境	政府治理	8	8.00	1.90	4.78	59.75
	市场环境	6	4.72	0.90	3.23	53.83
	基础设施	8	8.00	0.70	5.62	70.25

表 9　"营商环境"指标得分排名前二十的国家

排名	国家	得分	排名	国家	得分
1	新加坡	20.72	11	马来西亚	17.10
2	新西兰	19.36	12	爱沙尼亚	16.91
3	阿联酋	19.17	13	巴林	16.83
4	以色列	18.04	14	文莱	16.76
5	卡塔尔	17.87	15	斯洛文尼亚	16.49
6	韩国	17.71	16	波兰	16.43
7	立陶宛	17.49	17	克罗地亚	16.37
8	阿曼	17.17	18	匈牙利	16.35
9	拉脱维亚	17.16	19	约旦	16.26
10	捷克	17.14	20	沙特阿拉伯	16.22

1. 亚洲大洋洲、东欧、西亚地区政府治理能力较强

二级指标"政府治理"平均分为 4.78 分（满分为 8.00 分），新加坡、
新西兰、阿联酋、以色列、卡塔尔排名前五。从区域看，亚洲大洋洲
地区整体平均分排在各区域之首，东欧和西亚地区得分也较为接近（见
图 9）。而新加坡在行政效率、法治程度、汇兑限制、税务负担等各
项指标上均排名第一。

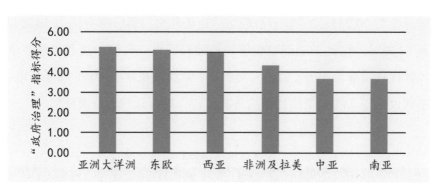

图 9　六大区域"政府治理"指标得分情况

2. 亚洲大洋洲地区市场环境整体较好，中亚和南亚地区相对较差

二级指标"市场环境"平均分为 3.23 分（满分为 6.00 分），新加坡、新西兰、阿曼、捷克、阿联酋排名前五。从区域看，亚洲大洋洲和东欧地区市场环境整体相对较好，中亚和南亚地区相对较差（见图 10）。从人均 GDP 看，卡塔尔、新加坡、阿联酋、新西兰、韩国位居前五位。从"商业管制"指标看，新西兰、新加坡、以色列、罗马尼亚、格鲁吉亚位列前五。

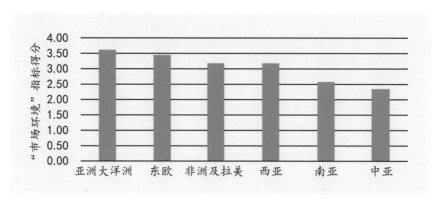

图 10　六大区域"市场环境"指标得分情况

3.东欧地区基础设施较为完备，非洲及拉美、南亚地区基础设施较弱

二级指标"基础设施"平均分为5.62分（满分为8.00分），新加坡、阿联酋、韩国、立陶宛、卡塔尔排名前五。东欧地区基础设施较为完备；非洲及拉美、南亚地区基础设施完备程度较低（见图11）。

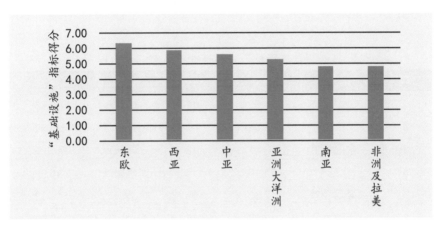

图 11　六大区域"基础设施"指标得分情况

（四）自然环境方面，各国资源禀赋差别明显，气候总体平稳

"自然环境"指标包括矿产资源、气候2个二级指标（见表10），总体平均分为8.48分（满分为18.00分）。"自然环境"指标得分排名前五的国家分别是俄罗斯、哈萨克斯坦、印度尼西亚、伊朗和沙特阿拉伯（见表11）。二级指标中"矿产资源"得分率较低为43.87%，得分最高的俄罗斯（14.90分）在矿物储量和矿产品出口方面均得分最高，而马尔代夫（1.10分）等国家的石油、煤炭、天然气、铁矿、铜矿等列入考察的资源均贫乏，表明"一带一路"国家的矿产资源禀赋差距较大。"气候"的得分率为63.33%，表明"一带一路"

国家气候状况总体平稳，超过 65% 的国家年均受灾害影响人口比例低于 1%。

表 10 "自然环境"二级指标得分情况

一级指标	二级指标	权重	最高得分	最低得分	平均分	得分率 /%
自然环境	矿产资源	15	14.90	1.10	6.58	43.87
	气候	3	3.00	0.20	1.90	63.33

表 11 "自然环境"指标得分排名前二十的国家

排名	国家	得分	排名	国家	得分
1	俄罗斯	16.90	11	土耳其	10.48
2	哈萨克斯坦	13.95	12	波兰	10.47
3	印度尼西亚	13.61	13	摩洛哥	10.38
4	伊朗	13.10	14	阿曼	10.22
5	沙特阿拉伯	12.82	15	缅甸	10.13
6	印度	12.05	16	爱沙尼亚	10.09
7	伊拉克	11.17	17	乌克兰	10.06
8	埃及	10.72	18	南非	9.97
8	马来西亚	10.72	19	匈牙利	9.88
10	科威特	10.53	20	罗马尼亚	9.71

1. 俄罗斯、伊朗、哈萨克斯坦矿产资源最为丰富

二级指标"矿产资源"平均分 6.58 分（满分为 15.00 分），俄罗斯、伊朗、哈萨克斯坦、印度、印度尼西亚排名前五。俄罗斯的石油储量位居世界第八，天然气储量位居世界第二，煤炭储量位居世界第三，铜矿储量位居世界第七，铁矿储量位居世界第一，凭借得天独厚的矿产资源条件，俄罗斯在"一带一路"国家中排名第一。伊朗排名第二，得益于其丰富的天然气（世界排名第一）和石油（世界排名第四）储

量。哈萨克斯坦排名第三，该国储量较多的资源有铀（世界排名第二）、铜（世界排名第四）、煤（世界排名第八）。

2. 东欧地区气候条件较为稳定，南亚国家极端天气发生率较高

二级指标"气候"平均分为 1.90 分（满分为 3.00 分）。从各区域来看，东欧地区平均分最高（见图 12），反映了东欧地区气候状况较平稳，投资活动受极端天气影响的程度不大。而南亚地区平均分较低，其极端天气较高的发生频率一定程度上会加大投资的风险。如印度水患严重，每年 6 月到 9 月均降水量较大，多发洪水灾害。印度的极端高温情况也较突出，2015 年的高温灾害造成 2200 人死亡。孟加拉国也同样受到夏季季风的影响，降水量大，加之山地较多，频发洪涝、地质灾害。

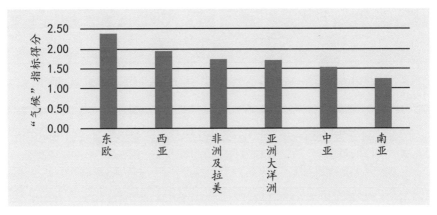

图 12　六大区域"气候"指标得分情况

（五）对华关系方面，"一带一路"国家对华关系总体较好，为投资合作奠定良好基础

"对华关系"指标包括政治互信、投资保障、文化好感 3 个二级指标（见表 12），总体平均分为 9.67 分（满分为 16.00 分）。排名

前五的国家分别是泰国、俄罗斯、巴基斯坦、新西兰和埃塞俄比亚。排名前二十的国家中，亚洲大洋洲地区有10个，东欧地区有3个，西亚地区有2个，非洲及拉美地区有2个，中亚地区有2个，南亚地区有1个（见表13）。总体而言，"一带一路"国家与我国保持较为健康稳定的合作关系。

表12 "对华关系"二级指标得分情况

一级指标	二级指标	权重	最高得分	最低得分	平均分	得分率 /%
对华关系	政治互信	4	3.90	0.30	1.72	43.00
	投资保障	3	3.00	0.00	2.14	71.33
	文化好感	9	9.00	4.24	5.81	64.56

表13 "对华关系"指标得分排名前二十的国家

排名	国家	得分	排名	国家	得分
1	泰国	14.80	11	越南	12.41
2	俄罗斯	14.25	12	印度尼西亚	12.40
3	巴基斯坦	13.72	13	吉尔吉斯斯坦	12.33
4	新西兰	13.65	14	匈牙利	12.14
5	埃塞俄比亚	13.23	15	菲律宾	12.12
6	韩国	13.17	16	阿联酋	12.01
7	哈萨克斯坦	12.73	17	马来西亚	11.87
8	新加坡	12.67	18	土耳其	11.76
9	柬埔寨	12.56	19	波兰	11.68
10	南非	12.42	20	老挝	11.27

1. 我国与俄罗斯互访最为频繁，与半数国家保持战略伙伴及以上的友好关系

二级指标"政治互信"平均分为1.72分（满分为4.00分），俄罗斯、

埃塞俄比亚、巴基斯坦、柬埔寨、越南排名前五。高层交往方面，"一带一路"倡议提出五年来，我国领导人出访"一带一路"国家和"一带一路"国家元首访问我国总数将近150次，其中我国与俄罗斯互访最为频繁。伙伴关系方面，我国与56.34%的"一带一路"国家保持战略伙伴及以上的关系级别（见图13），这些友好关系是企业开展投资项目有利的环境保障。

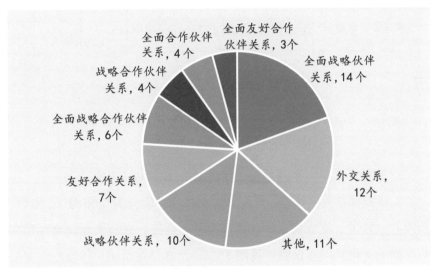

图 13　我国与"一带一路"国家的友好关系类型及数量

2. 我国与近半数"一带一路"国家签订了全面的投资保障文件

二级指标"投资保障"平均分为2.14分（满分为3.00分）。目前，我国已同91.55%的"一带一路"国家签订多边税收条约、双边投资协定、双边监管合作协议等一项或多项保障互相投资的协议文件（见图14）。据统计，"一带一路"国家中与我国签订以上全部3份文件的有32个国家（占45.07%），签订其中2份文件的有23个国家，签订其中1份文件的有10个国家。这些文件的签订为我国投资"一带一路"国家提供了政策保障。

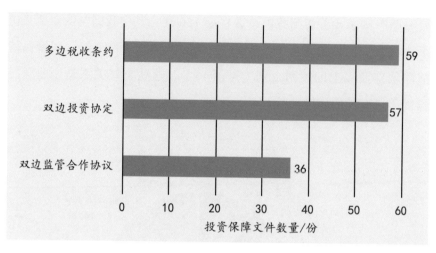

图 14　"一带一路"国家与中国签订的投资保障文件类型及数量

3. 亚洲大洋洲、非洲及拉美地区与我国文化好感度最强

二级指标"文化好感"平均分为 5.81 分（满分为 9.00 分），泰国、新西兰、韩国、埃塞俄比亚、俄罗斯排名前五。亚洲大洋洲地区国家与我国的文化认同感最强（见图 15），尤其是在泰国、印度尼西亚、马来西亚、新加坡、菲律宾、缅甸、越南等东盟国家，华人华侨数以百万计，为所在国与我国保持密切的民间人文交往做出很大贡献。此外，在泰国、韩国、新西兰开办的孔子学院和孔子课堂均超过 30 所（个），较好地传播了中华文化。非洲及拉美地区与我国的民间友好程度也较高。其中，埃塞俄比亚与我国政府和民间交往均较为密切，中国已成为埃塞俄比亚第三大旅游客源国，埃塞俄比亚也成为中国人较多的非洲国家。拉美地区的巴拿马虽与我国建交不久，而当地有华侨活动的历史却很久，华人华侨人数也达 30 万。

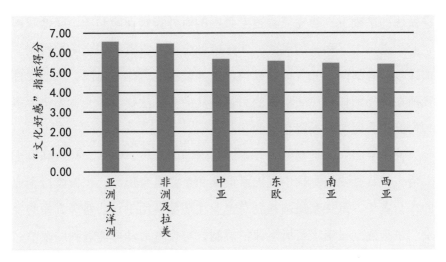

图 15 六大区域"文化好感"指标得分情况

四、对策建议

中国企业"走出去",参与"一带一路"国家投资,风险与机遇并存。为继续深度挖掘"一带一路"国家的投资机会,扩大投资领域,提高投资收益,同时有效规避风险,建议从国家和企业两个方面做好相关工作:

国家层面:一是应加强与"一带一路"国家政府间交往。在保持与"一带一路"国家密切往来的同时,不断推进高层互动,扩大与"一带一路"国家合作。特别是加强与投资环境优良的东欧地区国家的交流,增强政治互信,为双方经贸往来创造更好的条件。二是持续着力推进有关保障性协议文件的签订。中国政府可继续与未签订投资、税收等协议文件的国家加强谈判,推动协议文件的签署,同时积极参加国际投资规则制定,从制度层面强化对我国海外投资权益的保障。三是应建立健全海外投资保险制度。可在总结自身经验和借鉴国外先进做法的基础上，建立完善适应我国的海外投资保险制度，降低我国企业"走出去"面临的风险。四是应健全海外投资的安全防控机制。加强政府各部门、驻各国使领馆、驻外机构的合作与协同，调动发挥我国在海外团体或民间机构的力量，从商务、法律、外交、安全等多方位保护我国对外投资企业的利益。

企业层面：一是要熟悉并遵循东道国的政策、法律、社会和风土人情，尤其要注意维护中国国家形象和企业自身形象，积极履行企业的社会责任，重视东道国社会对企业在环保、用工、公益等方面的要求。二是建立投资项目风险评估机制，对投资活动可能遇到的政治、经济、自然灾害等风险，进行评估、预警和防范，设定完备的应急预案，在遭遇危机时将损失降到最低。三是相互合作、抱团取暖，通过合作发挥不同领域、不同类型、不同所有制企业各自的优势，取长补短达到双赢。同时也应避免中国企业在海外重复投资造成恶性竞争、互相拆台的情况发生。

数字丝路畅通度评价报告

　　为进一步了解我国与"一带一路"各国间信息互通、发展数字经济的畅通水平及未来发展潜力，国家信息中心"一带一路"大数据中心研发了数字丝路畅通度指数，并从政策沟通、设施联通、应用相通和发展潜力四个维度，对我国与"一带一路"71个国家的数字丝绸之路建设与合作情况进行了测评。测评结果显示：我国与"一带一路"国家数字丝路畅通度总体处于"中等"水平，新加坡、俄罗斯、韩国、马来西亚、泰国位列前五；与亚洲大洋洲地区国家数字丝路畅通水平较高；与周边主要海上相邻国家数字丝路畅通水平整体较高，与陆上相邻国家畅通水平分化明显。从4个一级指标看，"应用相通"水平相对较高，与东欧国家间"政策沟通"及"设施联通"差距最为明显。近期签署的网上丝绸之路、电子商务合作的双边文件不断增多，政策环境不断优化；与亚洲大洋洲及南亚地区"设施联通"水平较高，跨境海缆通道正在陆续打通；与亚洲大洋洲地区的数字经济合作最为密切，与东欧的跨境电商贸易发展势头强劲；移动电话和互联网普及率快速增长，我国与"一带一路"国家数字经济合作潜力巨大。

　　数字丝绸之路是数字经济与"一带一路"倡议的融合，基于开放共享理念的"数字丝绸之路"已经成为"一带一路"建设的重要组成部分。习近平主席在"一带一路"国际合作高峰论坛开幕式演讲中特别提到，要建设"21世纪的数字丝绸之路"。数字经济已经成为各国优化经济结构、提升经济发展速度的重要引擎，畅通数字丝绸之路，实现与"一带一路"国家在数据信息服务、互联网业务和国际通信业务领域的互联互通，有利于促进数字要素资源创新集聚和高效配置，消除我国与"一带一路"国家的"数字鸿沟"，共享数字经济的发展成果，加速"一带一路"国家的信息化进程。为进一步了解我国与"一带一路"各国间信息互通、发展数字经济的畅通水平及未来发展潜力，国家信息中心"一带一路"大数据中心在原"一带一路"信息化发展指数（B&R-IDI）基础上研发了数字丝路畅通度指数。[①] 与 B&R-IDI 不同，数字丝路畅通度指数重在强调我国与"一带一路"各国在数字领域的"畅通"水平。

一、指数介绍

数字丝路畅通度指数按照"基础—应用—潜力"三层次模型（见图 1），从政策沟通、设施联通、应用相通、发展潜力四个方面构建了包括 4 个一级指标、12 个二级指标在内的测评指标体系。其中，政策沟通与设施联通分别是数字丝路畅通的"软环境"和"硬环境"。具体来看，政策沟通是数字丝路畅通的政策环境保障，从双边文件和多边共识两个方面，考察我国与"一带一路"国家在数字经济领域达成的合作共识；设施联通是数字丝绸之路建设的载体和基础，从跨境光缆和网络节点两个方面，考察我国与"一带一路"国家在信息通信

[①] "一带一路"信息化发展指数考察"一带一路"国家自身基础状况，数字丝路畅通度指数强调我国与"一带一路"国家的联通情况。在 2017 年 64 国的基础上，今年新增 7 国，更新数据，得出 2018 年"一带一路"信息化发展指数排名，以与 2018 年数字丝路畅通度指数进行对比。具体参见图 13。

基础设施领域的联通水平；应用相通是数字丝绸之路发展的现状及成效，从移动通信水平、ICT 业务覆盖、ICT 产品贸易、跨境电商连接四个方面，考察目前我国与"一带一路"国家在信息通信等数字领域的合作水平；发展潜力是未来数字经济合作进一步拓展的潜力，从人均 GDP、移动电话普及率、互联网普及率、合作期待度四个方面考察未来我国与"一带一路"国家的合作潜力。4 个一级指标权重分别按照 16、20、40、24 进行分配。具体指标体系及说明见表 1。

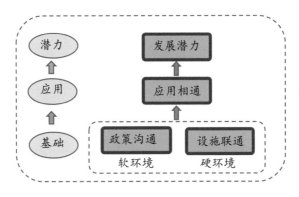

图 1　数字丝路畅通度指标逻辑框架图

表 1　数字丝路畅通度指标体系

一级指标	二级指标	指标说明
政策沟通（16）	双边文件（9）	考察中国与该国是否签署信息类合作的双边文件，反映为推动双边合作提供的政策支持。
	多边共识（7）	考察中国与多国政府间沟通交流及合作共识。
设施联通（20）	跨境光缆（14）	考察中国与该国的跨境陆缆和跨境海缆联通情况，测度双边信息通信基础设施联通水平。
	网络节点（6）	考察 POP 点（网络服务提供点）在该国的布局，反映可提供的双边高速通信服务水平。

（续表）

一级指标	二级指标	指标说明
应用相通（40）	移动通信水平（10）	考察国际漫游国家覆盖及资费水平等情况，反映双边信息沟通水平。
	ICT 业务覆盖（10）	考察中国在该国信息通信业务布局及合作水平。
	ICT 产品贸易（10）	考察该国与中国信息通信技术产品贸易额，反映双边 ICT 产品贸易往来水平。
	跨境电商连接（10）	考察中国与该国跨境电子商务贸易额及增速情况，反映双边跨境电商贸易往来紧密程度。
发展潜力（24）	人均 GDP（6）	考察人均 GDP，反映该国的经济基础与实力。
	移动电话普及率（6）	考察每百人移动电话的普及情况，反映居民使用移动电话进行通信的能力。
	互联网普及率（6）	考察每百人互联网接入的普及情况，反映居民使用互联网进行通信的能力。
	合作期待度（6）	考察该国对与中国进行数字经济合作的互联网关注度，反映该国媒体和网民的合作期待度。

本次测评对象为"一带一路"71 个国家，参评国家及所属区域划分与"一带一路"国别合作度指数一致。测评结果划分为"高"（80.00—100.00 分，含 100.00 分）、"较高"（60.00—80.00 分，含 80.00 分）、"中等"（40.00—60.00 分，含 60.00 分）、"较低"（20.00—40.00 分，含 40.00 分）、"低"（0.00—20.00 分，含 20.00 分）五个等级。

根据指标及数据情况，本次测评采用标杆法、无量纲化、栅格法三种方法对指标进行量化，最后通过加权计算得到综合得分，具体方法详见《"一带一路"大数据报告》（2016）[①]。

---

① 国家信息中心"一带一路"大数据中心《"一带一路"大数据报告》（2016），商务印书馆，2016 年，第 18—20 页。

二、总体评价结论

（一）我国与"一带一路"国家数字丝路畅通度总体处于"中等"水平，与新加坡、俄罗斯、韩国、马来西亚、泰国畅通度最高

从测评结果看，我国与"一带一路"国家的数字丝路畅通度平均分为 45.55 分，总体上处于"中等"水平。新加坡、俄罗斯、韩国、马来西亚、泰国位列前五（见表 2），处于"高"水平，占总参评国家数的 7.04%；8 个国家处于"较高"水平，占 11.27%；27 个国家处于"中等"水平，占 38.03%。各国得分差距较大，得分最高的新加坡与得分最低的叙利亚之间相差 72.02 分。

表 2 "一带一路"国家数字丝路畅通度得分排名

排名	国家	总分	等级	排名	国家	总分	等级
1	新加坡	85.22	高	16	埃及	59.82	中等
2	俄罗斯	81.81		17	新西兰	59.81	
3	韩国	80.39		18	匈牙利	57.42	
4	马来西亚	80.35		19	哈萨克斯坦	55.88	
5	泰国	80.31		20	缅甸	55.32	
6	阿联酋	78.34	较高	21	柬埔寨	52.74	
7	土耳其	73.45		22	罗马尼亚	52.43	
8	越南	73.44		23	爱沙尼亚	51.81	
9	印度尼西亚	72.87		24	孟加拉国	48.41	
10	印度	72.50		25	老挝	48.19	
11	南非	67.36		26	塞尔维亚	47.77	
12	沙特阿拉伯	63.79	中等	27	卡塔尔	47.48	
13	波兰	61.12		28	文莱	46.46	
14	菲律宾	59.99		29	巴基斯坦	45.71	
15	捷克	59.98		30	斯洛伐克	44.75	

（续表）

排名	国家	总分	等级	排名	国家	总分	等级
31	以色列	43.60	中等	52	约旦	33.45	较低
32	立陶宛	43.07		53	马其顿	33.31	
33	乌克兰	42.47		54	摩尔多瓦	33.29	
34	拉脱维亚	42.19		55	亚美尼亚	33.13	
35	斯里兰卡	42.14		56	乌兹别克斯坦	32.34	
36	阿塞拜疆	41.06		57	格鲁吉亚	32.22	
37	伊朗	40.90		58	伊拉克	31.21	
38	科威特	40.41		59	黑山	30.94	
39	保加利亚	40.16		60	埃塞俄比亚	29.09	
40	蒙古国	40.14		61	阿尔巴尼亚	28.29	
41	斯洛文尼亚	39.87	较低	62	黎巴嫩	27.74	
42	白俄罗斯	39.55		63	不丹	26.30	
43	阿曼	39.26		64	也门	25.17	
44	巴林	38.99		65	土库曼斯坦	24.33	
45	吉尔吉斯斯坦	38.87		66	阿富汗	23.11	
46	巴拿马	38.70		67	波黑	23.04	
47	克罗地亚	38.04		68	巴勒斯坦	20.43	
48	塔吉克斯坦	36.14		69	马达加斯加	19.27	低
49	尼泊尔	36.00		70	东帝汶	18.43	
50	摩洛哥	35.68		71	叙利亚	13.20	
51	马尔代夫	33.96			平均分	45.55	中等

（二）我国与亚洲大洋洲地区国家数字丝路畅通水平较高，但国家间得分差距较大

从区域分布来看，数字丝路畅通度处于"较高"及以上水平（60.00—100.00分，含100.00分）的国家有13个，主要分布在亚洲大洋洲和西亚等地区（见图2）。我国与亚洲大洋洲地区国家数字丝路畅通度平均分为 60.98 分，排名前十的国家中有 6 个是亚洲大洋洲地区。从各区域国家间差距看，亚洲大洋洲和西亚地区的国家间差距最大，极差分别为 66.79 分和 65.14 分（见图 3）。

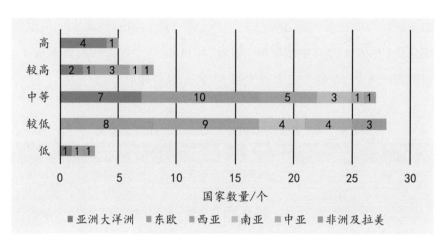

图 2　数字丝路畅通度各排名段国家区域分布

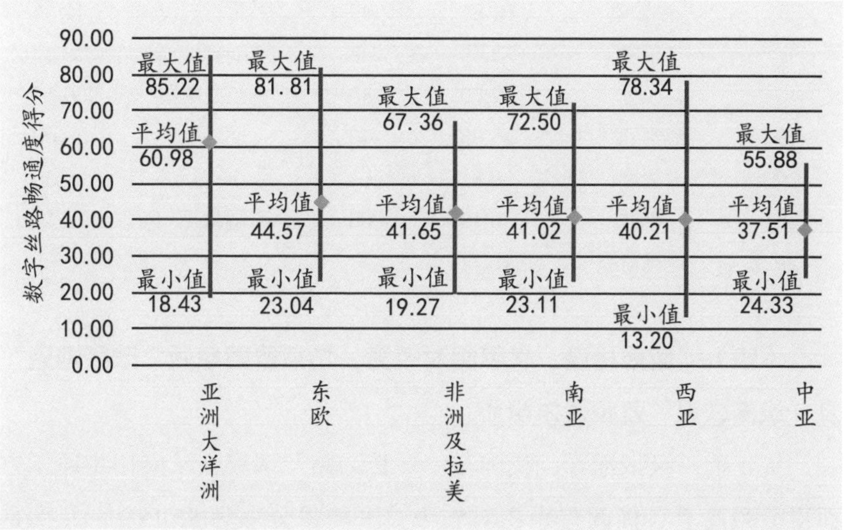

图 3　六大区域国家间数字丝路畅通度得分差距情况

（三）我国与周边主要海上相邻国家数字丝路畅通水平整体较高，与陆上相邻国家畅通水平分化明显

我国与隔海相望的"一带一路"海上邻国数字丝路畅通水平整体较高，尤其以新加坡、韩国、马来西亚、印度尼西亚排名靠前（见表3）；与周边陆上接壤的13个"一带一路"国家畅通水平呈现两端分化（见表4），其中俄罗斯、越南、印度在71个国家中均排名前十，而阿富汗（第66名）、不丹（第63名）排名靠后。

表3　主要海上邻国数字丝路畅通度得分情况

排名	海上邻国	得分	排名	海上邻国	得分
1	新加坡	85.22	9	印度尼西亚	72.87
3	韩国	80.39	14	菲律宾	59.99
4	马来西亚	80.35	28	文莱	46.46

表4　主要陆上邻国数字丝路畅通度得分情况

排名	陆上邻国	得分	排名	陆上邻国	得分
2	俄罗斯	81.81	40	蒙古国	40.14
8	越南	73.44	45	吉尔吉斯斯坦	38.87
10	印度	72.50	48	塔吉克斯坦	36.14
19	哈萨克斯坦	55.88	49	尼泊尔	36.00
20	缅甸	55.32	63	不丹	26.30
25	老挝	48.19	66	阿富汗	23.11
29	巴基斯坦	45.71	—	—	—

（四）"应用相通"水平相对较高，与东欧国家间"政策沟通"及"设施联通"差距最为明显

从4个一级指标看，我国与"一带一路"国家在"应用相通"方面得分最高且各国间差距相对较小，平均得分率为55.18%，其次是"发展潜力"，平均得分率为46.21%。"政策沟通"和"设施联通"

得分率相对较低，且国家间差距较大，其中亚洲大洋洲地区国家"政策沟通"和"设施联通"平均分最高（见图4），我国与西亚、东欧区域内国家间"政策沟通"水平差距较大，与东欧、非洲及拉美区域内国家间"设施联通"水平差距较大（见图5）。

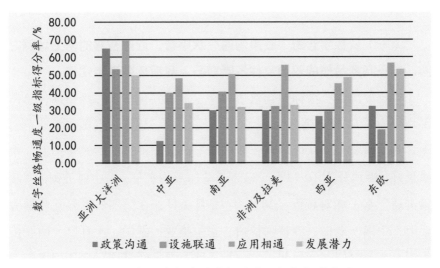

图 4　六大区域数字丝路畅通度一级指标得分率

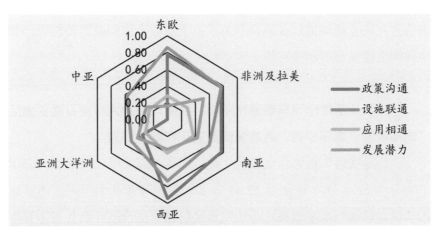

图 5　六大区域数字丝路畅通度一级指标得分的离散系数

三、分项评价结论

我们进一步从政策沟通、设施联通、应用相通、发展潜力四个测评维度对我国与71个"一带一路"国家数字丝路畅通水平进行分析，结论如下：

（一）从数字丝路"政策沟通"水平看，近期签署的网上丝绸之路、电子商务合作的双边文件不断增多，政策环境逐步优化

"政策沟通"指标包含双边文件、多边共识2个二级指标，总休平均分为5.72分（满分为16.00分），老挝、越南、泰国、柬埔寨、土耳其位居前五，从区域看，我国与亚洲大洋洲地区"政策沟通"水平最好，平均分为10.43分，远高于总体平均水平，与中亚五国的"政策沟通"水平相对较低。2017年12月3日，在第四届世界互联网大会上，中国、老挝、沙特阿拉伯、塞尔维亚、泰国、土耳其、阿联酋等国家相关部门共同发起《"一带一路"数字经济国际合作倡议》，将进一步拓展与相关国家在数字经济领域的合作。据不完全统计，2017年我国与10余个国家签署了加强"网上丝绸之路"建设合作促进信息互联互通的谅解备忘录及关于电子商务合作的谅解备忘录，数字丝绸之路建设的政策环境正在不断优化。

（二）从信息化设施联通水平看，我国与亚洲大洋洲及南亚地区"设施联通"水平较高，跨境海缆通道正在陆续打通

"设施联通"指标包含跨境光缆、网络节点2个二级指标，总体平均分为6.68分（满分为20.00分），我国与亚洲大洋洲及南亚地区"设施联通"水平较高，与东欧地区信息通信设施互联互通还有待加强。目前，我国与周边11个"一带一路"国家建成跨境陆缆系统，

其中与俄罗斯、蒙古国、缅甸、哈萨克斯坦等国家建成多条跨境陆缆，正在扩容中哈跨境光缆，新建中阿、中巴以及"丝路光缆"等跨境光缆系统。2017年，由中国联通于2012年发起并主导建设的AAE-1海缆系统大部分正式投入商用，可连接亚非欧方向的14个"一带一路"国家，其他海缆系统也正在建设中，跨境海缆通道将陆续打通。另外，中国移动、中国电信、中国联通在"一带一路"国家的POP点主要分布在新加坡、泰国、阿联酋、俄罗斯等国家，未来将进一步扩大"一带一路"国家的POP点覆盖率，形成贯穿"一带一路"的"信息驿站"。

（三）从数字应用相通水平看，我国与各区域数字经济合作呈现不同亮点，西亚地区是未来拓展的重点区域

"应用相通"指标包含移动通信水平、ICT业务覆盖、ICT产品贸易、跨境电商连接4个二级指标，总体平均分为22.07分（满分为40.00分），泰国、俄罗斯、韩国、新加坡、马来西亚分列前五。从总体看，我国与亚洲大洋洲地区数字经济合作最为密切（见图6），与西亚和中亚地区的数字经济合作需进一步拓展。从具体指标看，我国与各区域数字经济合作呈现不同亮点：与亚洲大洋洲地区的"移动通信水平"最高；与非洲及拉美地区的"ICT业务覆盖"和"ICT产品贸易"的合作水平也较高；与东欧地区的"跨境电商连接"最为紧密。

图6　六大区域"应用相通"二级指标得分及分布情况

1. 移动通信水平整体较高，ICT 业务覆盖率达 83.1%

在"应用相通"维度中，"移动通信水平"指标平均分最高（见图 7），为 8.08 分，中国移动、中国电信、中国联通三大电信运营商实现"一带一路"国家全覆盖，并针对"一带一路"区域需求大幅调低了国际通信资费，最高降幅达到 97%，提供更加通畅的国际通信服务，其中我国与新加坡、俄罗斯、韩国、马来西亚、泰国等 13 个来自亚洲大洋洲和东欧的国家移动通信资费最低。其次是"ICT 业务覆盖"，平均分为 5.55 分，华为、中兴通讯等大型通信企业设立的分支机构覆盖了 83.1% 的"一带一路"国家，其中亚洲大洋洲地区分支机构数量最多，占比达 33.54%，又以新加坡、韩国、马来西亚、泰国、阿联酋、印度尼西亚、南非分支机构数量最多，是开展信息通信业务的关键节点。但在西亚地区的国家覆盖率相对还比较低（见图 8），是未来拓展信息通信业务的重点区域。

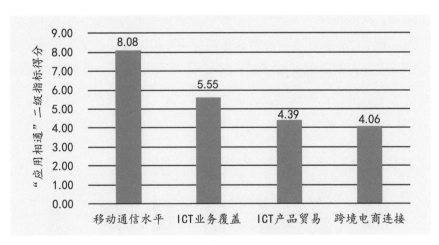

图 7　"应用相通"二级指标得分情况

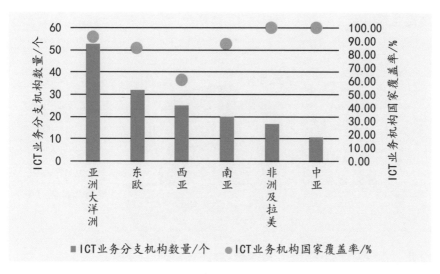

图 8 主要信息通信企业"一带一路"分支机构区域分布情况

2. ICT 产品贸易主要集中在亚洲大洋洲地区，与东欧的跨境电商贸易发展势头强劲

韩国、马来西亚、越南、泰国、新加坡位列我国与"一带一路"国家 ICT 产品贸易额前五，均属于亚洲大洋洲地区，我国与亚洲大洋洲地区 14 国 ICT 产品贸易额占我国与"一带一路"国家 ICT 产品贸易额的比例超过 80%。在跨境电商方面，中国与东欧和亚洲大洋洲地区国家跨境电商往来最为密切（见图 9），"跨境电商连接"指标得分分别为 5.13 分、4.65 分，高于"一带一路"国家平均水平（4.06 分）。阿里巴巴数据显示，在与中国的贸易中，俄罗斯、乌克兰、以色列、白俄罗斯和波兰是"一带一路"国家中跨境电商购买力排名前五的国家；京东大数据显示，通过电商平台，中国商品销往俄罗斯、乌克兰、波兰、泰国、埃及、沙特阿拉伯等 54 个"一带一路"国家，同时，超过 50 个"一带一路"国家的商品通过电商走进了中国。敦煌网数据显示，我国企业通过敦煌网平台主要出口到俄罗斯、以色列、

乌克兰等国家。

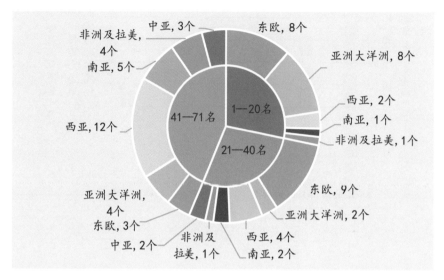

图 9 "跨境电商连接"指标各排名段分区域国家数量

（四）从未来发展潜力看，"一带一路"国家移动电话和互联网普及率快速增长，数字经济合作潜力巨大

"发展潜力"指标包含人均 GDP、移动电话普及率、互联网普及率和合作期待度 4 个二级指标，总体平均分为 11.09 分（满分为24.00 分），阿联酋、新加坡、韩国、马来西亚、俄罗斯分列前五（见图 10）。东欧、亚洲大洋洲、西亚地区国家经济实力及信息化水平相对较高（见图 11），与我国在智慧城市、电子商务、远程医疗、"互联网+"、物联网、人工智能等领域的深度合作潜力较大，南亚、非洲及拉美、中亚地区经济基础较为薄弱、信息化发展水平较低，信息基础设施建设合作是未来重点合作领域。

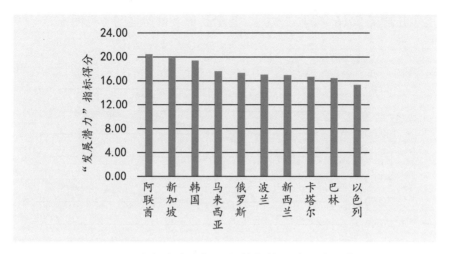

图 10 "发展潜力"指标得分排名前十的国家

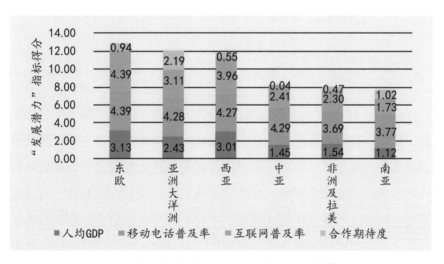

图 11 "发展潜力"二级指标得分及分布情况

从具体指标看，"一带一路"国家移动电话和互联网普及率持续保持高速增长，其中移动电话平均普及率由 2006 年的 57.15% 逐年攀升至 2016 年的 121.29%；互联网平均普及率由 2006 年的 20.66%

逐年升高至 2016 年的 55.74%，且增长势头依然强劲（见图 12）。

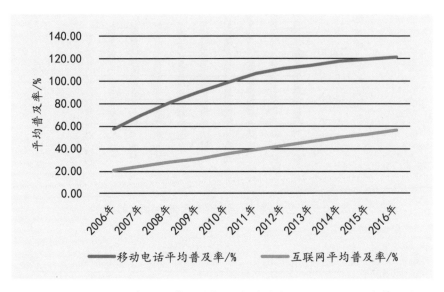

图 12　2006—2016 年"一带一路"国家移动电话和互联网平均普及率

　　通过对 2018 年数字丝路畅通度和 2018 年"一带一路"信息化发展指数得分进行四象限对比分析发现，可划分为四类：一是"基础强联通强"，新加坡、韩国、俄罗斯等国家信息化发展水平较高且与我国数字丝路畅通水平较高；二是"基础弱联通弱"，叙利亚、马达加斯加、阿富汗等国家信息化发展水平较低且与我国数字丝路畅通水平较低；三是"基础弱联通强"，缅甸、柬埔寨、印度等国家信息化发展水平相对较低，但与我国数字丝路畅通水平相对较好，与这些国家的数字经济合作正在实现跨越式发展；四是"基础强联通弱"，以色列、立陶宛、拉脱维亚等国家信息化发展水平较高，但与我国数字丝路畅通水平较低，是未来数字经济合作的重点潜力国家（见图 13）。

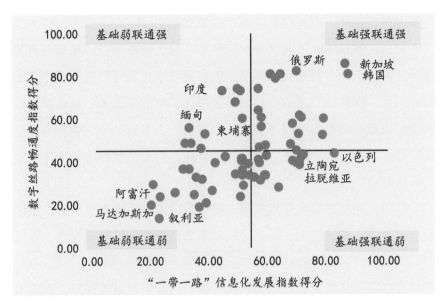

图 13   数字丝路畅通度指数与"一带一路"信息化发展指数得分对比

四、对策建议

第一，加快规划对接，推动实现信息基础设施互联互通和数字经济合作项目落地。积极推进与"一带一路"国家签署"网上丝绸之路"建设合作、电子商务合作等促进信息互联互通的规划文件，推动彼此间信息化发展战略规划的有效对接；制订《"一带一路"数字经济国际合作倡议》落实方案，加强与相关国家建立协同合作机制，加快推进数字基础设施建设以及互联互通项目落地，促进跨境数据流动。

第二，大力发展跨境电商，共建数字贸易生态圈。加快与更多"一带一路"国家深入对接全球电子贸易平台建设，推动全方位、多领域跨境电商国际合作，助力"一带一路"国家数字贸易发展；创新跨境电商监管及服务模式，进一步优化跨境电商营商环境，推动国际贸易网络化升级；加强国内重点区域跨境电子商务综合试验区建设，完善跨境电商产业链，发挥跨境电商产业集聚效应。

第三，加强国际协同创新，培育数字经济合作亮点，拓展经济发展新空间。围绕各国数字经济发展的实际需求，开展数字技术产品的联合研发，构建多双边的协同创新体系，共享数字技术创新成果；共同推进信息基础设施、智慧城市、物联网、人工智能等领域数字经济新产品、新业态、新服务、新模式的应用，促进数字经济与实体经济的深度融合。

第四，建立多层次交流机制，促进数字经济合作实践探索。鼓励政府、企业、科研机构、行业组织等各方沟通交流、分享观点，支持"一带一路"国家来华开展创新创业合作和交流；加强与"一带一路"国家间数字经济方面的培训和研究合作，针对重点科技领域，促进科研人员、技术人员的国际交流与互动；支持城市间开展点对点交流合作，联手推动数字丝绸之路经济合作实验区的建设，带动区域数字经济发展。

"一带一路"智库影响力评价报告

为有效评价国内智库"一带一路"研究成果及影响力，国家信息中心"一带一路"大数据中心研发了"一带一路"智库影响力指数，并对 100 余家智库进行了测评。测评结果显示，从总体上看，七成"一带一路"相关智库设在北京，国家级智库占比最多；从研究成果看，国家级智库是成果发布主体，研究论文是成果主要形式；从传播平台看，网站是智库最主要传播平台，部分智库的宣传方式略显单一；从传播影响力看，微信平台、外文网站等对提升智库社会关注度作用明显。目前"一带一路"智库建设还处于初步阶段，建议从加强智库自身研究、丰富智库成果推广渠道、加强中外智库交流合作三个方面扩大"一带一路"智库的全球影响力。

智库是参与"一带一路"建设的重要主体，在"一带一路"规划制订、方案机制设计、政策咨询研究方面提供有效智力支持，在传递中国声音、增信释疑、扩大共识，促进政策沟通、民心相通等方面可发挥独特作用。2017 年 5 月，首届"一带一路"国际合作高峰论坛专设"智库交流"平行主题会议，旨在加强国内外智库对话交流，发挥智库在"一带一路"国际合作中的积极作用。为有效评价国内智库"一带一路"研究成果及影响力，国家信息中心"一带一路"大数据中心研发了"一带一路"智库影响力指数，并对 100 余家智库进行了测评。

一、指数介绍

（一）指标体系的构建

"一带一路"智库影响力指数的指标体系由 3 个一级指标、7 个二级指标、13 个三级指标组成，共计 100.00 分（见表 1）。同 2017 年测评相比，2018 年指标体系中，新增"微信传播力"指标，反映各智库利用微信平台传播"一带一路"信息的能力。

表 1 "一带一路"智库影响力指数指标体系

一级指标	二级指标	三级指标	指标说明
研究成果（30）	论文（18）	发文量（10）	该智库发表"一带一路"相关论文的数量。
		下载量（5）	该智库论文被下载的次数。
		被引量（3）	该智库论文被引用的次数。
	报告与专著（12）	—	该智库公开发布"一带一路"相关报告及出版专著的数量。
传播平台（40）	网站（16）	发文量（8）	该智库在其官方网站上发布"一带一路"相关文章的数量。
		Alexa 排名（2）	该智库网站的 Alexa 综合排名，反映该智库网站的影响力。
		外文版本（4）	该智库网站设置外文版本的情况，反映该智库对外传播能力。
		搜索引擎平均收录量（2）	该智库网站信息在主要搜索引擎上的平均收录情况，反映该智库网站信息对搜索用户的可见程度。
	微信（16）	发文量（6）	该智库微信公众号发表"一带一路"相关文章的数量。
		阅读量（6）	该智库微信公众号发表"一带一路"相关文章的阅读量。
		点赞量（2）	该智库微信公众号发表"一带一路"相关文章的点赞量。
		微信传播力（2）	该智库微信公众号的传播力。
	微博（8）	发文量（6）	该智库微博发表"一带一路"相关文章的数量。
		粉丝量（2）	该智库微博的粉丝量，反映微博信息传播力。
社会关注（30）	国内关注度（15）	—	利用大数据技术，考察该智库国内互联网关注程度。
	国外关注度（15）	—	利用大数据技术，考察该智库国外互联网关注程度。

（二）测评范围与方法

以中国智库索引、中国网智库中国、首批国家高端智库建设试点单位、中国智库网、中国智库综合评价核心智库榜单和《清华大学智库大数据报告》（2017）等1000余家"一带一路"相关智库机构为基础，通过大数据技术，从中提取与"一带一路"研究相关度较高的智库机构共120家作为参评对象。各项指标数据采集时间为2017年1月1日至2018年5月1日。

二、测评结果

根据120家参评智库的不同属性，我们将其分成四种类型，即国家级智库、地方性智库、高校智库和社会智库，每种类型排出前十名。

表2 "一带一路"国家级智库影响力排名

排名	智库名称	排名	智库名称
1	中国社会科学院[①]	6	中国现代国际关系研究院
2	中国国际问题研究院	7	中共中央党校
3	中国科学院[②]	8	国务院发展研究中心
4	国家信息中心	9	中国旅游研究院
5	中国宏观经济研究院	10	商务部国际贸易经济合作研究院

① 中国社会科学院下属研究院所较多，本次测评以中国社会科学院世界经济与政治研究所、俄罗斯东欧中亚研究所、亚太与全球战略研究院等为主要对象，其排名为相关院所测评得分的综合排名。

② 中国科学院下属研究院所较多，本次测评以中国科学院地理科学与资源研究所、国际合作局、地球环境研究所等为主要对象，其排名为相关院所测评得分的综合排名。

表3 "一带一路"地方性智库影响力排名

排名	智库名称	排名	智库名称
1	上海社会科学院	6	青海省社会科学院
2	上海国际问题研究院	7	山东省宏观经济研究院
3	广东国际战略研究院	8	福建社会科学院
4	四川省社会科学院	9	新疆社会科学院
5	广东省社会科学院	10	陕西省社会科学院

表4 "一带一路"高校智库影响力排名

排名	智库名称	排名	智库名称
1	中国人民大学重阳金融研究院	6	清华大学中国与世界经济研究中心
2	华侨大学海上丝绸之路研究院	7	复旦大学中国研究院
3	北京大学国际发展研究院	8	西北大学中东研究所
4	兰州大学中亚研究所	9	北京第二外国语学院中国"一带一路"战略研究院
5	上海外国语大学中东研究所	10	宁波海上丝绸之路研究院（北京外国语大学丝绸之路研究院宁波分院）

表5 "一带一路"社会智库影响力排名

排名	智库名称	排名	智库名称
1	中国与全球化智库	6	一带一路百人论坛
2	盘古智库	7	瞭望智库
3	察哈尔学会	8	凤凰国际智库
4	中国国际经济交流中心	9	中国电子商务研究中心
5	中国金融四十人论坛	10	走出去智库

　　我们利用大数据分析技术，综合参评智库中各位专家"一带一路"相关研究的发文量、下载量、被引量和互联网影响力，遴选了在公开渠道发声较多的30名智库专家（见表6）。

表6 公开发声较多的专家（按照姓氏笔画排序）

专家	所属单位
王义桅	中国人民大学国际关系学院
王文	中国人民大学重阳金融研究院
王辉耀	中国与全球化智库
史育龙	中国宏观经济研究院
白明	商务部国际贸易经济合作研究院
刘卫东	中国科学院"一带一路"战略研究中心
阮宗泽	中国国际问题研究院
何亚非	原国务院侨务办公室
何茂春	清华大学经济外交研究中心
迟福林	中国（海南）改革发展研究院
张宇燕	中国社会科学院世界经济与政治研究所
张蕴岭	中国社会科学院
陈文玲	中国国际经济交流中心
陈雨露	中国人民银行
林民旺	复旦大学国际问题研究院
金鑫	中联部当地世界研究中心
周密	商务部国际贸易经济合作研究院
郑永年	新加坡国立大学东亚研究所
赵可金	清华大学社会科学学院
赵白鸽	中国社会科学院蓝迪国际智库项目专家委员会
赵晋平	国务院发展研究中心对外经济研究部
赵磊	中共中央党校国际战略研究院
胡必亮	北京师范大学"一带一路"研究院
胡鞍钢	清华大学国情研究院
黄日涵	华侨大学国际关系学院
梁海明	中国丝路智谷研究院
隆国强	国务院发展研究中心
储殷	国际关系学院
翟崑	北京大学全球互联互通研究中心
薛力	中国社会科学院世界经济与政治研究所

三、分析结论

（一）从总体上看，参评智库中，国家级智库占比最多，七成"一带一路"智库设在北京，中国旅游研究院、中国电子商务研究中心等专业领域智库首次入围排行榜

从所属地域看，参评智库中，有 70% 的智库设在北京，其次是上海、广东、福建等东南沿海地区，以及甘肃、宁夏、陕西等西北地区。从所属类型看，国家级智库占比最大，占所有参评智库的 37.50%，其次是社会智库、高校智库和地方性智库，占比分别为 25.83%、20.83% 和 15.84%（见图 1）。从研究领域看，行业、领域的"一带一路"相关智库开始发力，国家级智库和社会智库前十名中，首次出现了中国旅游研究院、中国电子商务研究中心等专业领域智库。

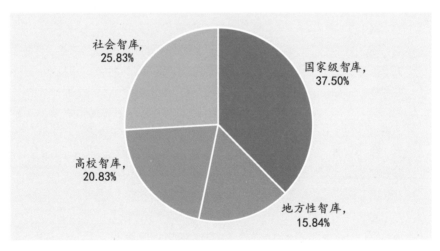

图 1　参评各类智库数量占比情况

（二）从研究成果看，国家级智库是成果发布的主体，成果以研究论文为主要形式

2017年以来，各类智库持续发布"一带一路"相关论文、报告与专著等研究成果。从成果发布总量看，国家级智库是"一带一路"研究成果发布主体，成果数量占所有参评智库发布的"一带一路"相关研究成果的66.61%（见图2）。从成果形式看，论文是各类智库机构发布"一带一路"研究成果的主要形式，在各类智库机构研究成果中占比均超过80%（见图3）。测评显示，2017年以来，各类智库机构共发布241份"一带一路"相关报告与专著，与其他智库相比，社会智库相对倾向于发布报告与专著。

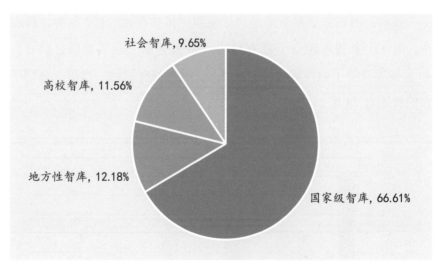

图2 参评各类智库"一带一路"相关研究成果占比情况

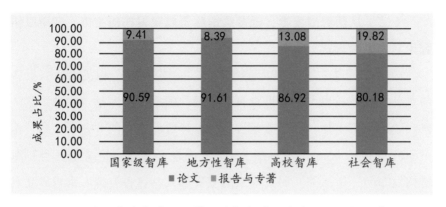

图3　参评各类智库"一带一路"相关研究成果的结构分布

（三）从传播平台看，网站是智库最主要传播平台，社交媒体正成为传播新渠道，但仍有部分智库的宣传方式略显单一

当前，网站依然是智库最广泛使用的传播平台，120家参评智库中，有111家智库建立了官方网站，80家智库开通了微信公众号，40家智库开通了微博账号（见图4），同时拥有网站、微信、微博平台的智库有34家。

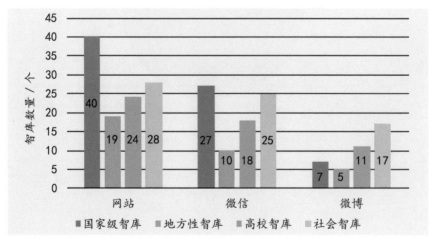

图4　参评各类智库使用传播平台的情况

测评发现，部分智库宣传方式比较单一。120 家参评智库中有 32 家只借助网站来宣传"一带一路"相关信息，不仅宣传方式单一，网站更新不及时、搜索引擎收录少等情况也较大影响了这些智库在"一带一路"领域的宣传发声力度。此外，部分智库只通过微信和微博等社交媒体传播，虽可保障信息传递的及时性和互动性，但也一定程度上受限于社交平台对信息数量和篇幅的限制，无法全面系统地展现智库的研究成果。

（四）从传播影响力看，国家级智库仍表现突出，微信平台、外文网站等对提升智库社会关注度作用明显

从社会关注度看，中国科学院、中国社会科学院、国家信息中心、中国国际问题研究院、上海社会科学院位列"社会关注"指标前五位（见图 5）。在国内外关注度排名各前十的智库中，国家级智库均表现突出，国内外关注度均较高，高校智库和地方性智库的国外关注度略高于国内关注度。

从具体传播平台看，排名靠前的智库的微信传播力较高，且智库微信平台整体传播力与其"一带一路"文章的发文量呈正相关关系，即发文量较多的智库的微信传播力也较强，能够很好支撑智库文章和研究成果的广泛传播（见图 6）。在智库多语种网站方面，120 家参评智库中有 69 家智库网站设置英文版本，1 家智库网站设置了除英文版本以外的其他多语种版本，仅有中文版本的网站有 41 家。国外关注度较高的智库中，基本均设立了英文网站，英文网站对智库的海外传播起到了一定的积极作用。

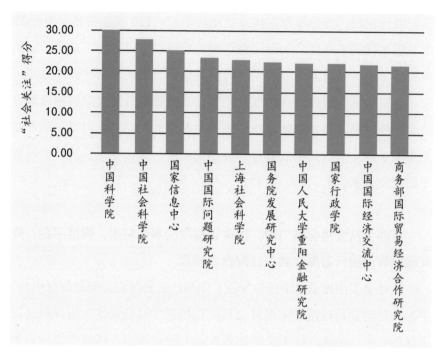

图 5　"社会关注"指标得分排名前十的智库

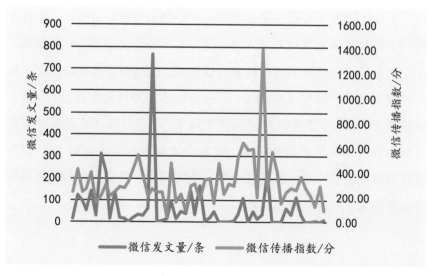

图 6　参评各智库微信发文量和微信传播指数相互变动情况

四、政策建议

近年来，随着"一带一路"建设的深入推进，研究"一带一路"的智库越来越多，研究成果不断丰富。为进一步提升中国智库的研究实力和国际影响力，充分发挥智库在"一带一路"建设中的积极作用，建议着力加强以下方面的工作：

第一，主动作为，把握全球发展新趋势，提高智库自身研究水平。一是各相关智库和专家学者应准确把握和捕捉"一带一路"建设过程中出现的新趋势、新问题，集中科研优势，提出实用有效的解决方案，并及时根据形势变化对方案进行调整，为"一带一路"建设建言献策。二是通过学术期刊、研究论坛、学术著作等方式，及时发布各"一带一路"相关智库的最新研究成果，使之准确、全面地展现"一带一路"建设成果，彰显各智库机构的研究实力。三是各智库间建立健全的成果共享机制，提高协同合作程度，在避免重叠研究的同时，集中优质资源共同承担"一带一路"重大研究课题。

第二，讲好中国故事，丰富智库成果推广渠道。相关智库需要在"一带一路"理论传播、政策解读、民心沟通上做好桥梁和纽带，讲好中国故事，提升国际社会话语权，为"一带一路"推进营造良好的国内外舆论氛围。各智库应加强网站和社交平台的使用，注重研究成果的国际传播，尝试通过国际通用社交平台发布"一带一路"建设的相关信息，在"一带一路"国家知名智库网页添加我国"一带一路"相关智库的链接，增加双方智库间的互动交流等，构建多层次、多维度的推广输出渠道，全方位提升我国智库在"一带一路"建设中的国际影响力。

第三，加强中外智库交流合作，增强中国智库的国际影响力。一是要充分利用"一带一路"倡议构建的国际交流网络，加快与"一带一路"国家有关智库建立交流合作机制，多使用国际语言创新传播方式、扩大传播范围，不仅能够促进民心相通，而且能够增强"一带一路"倡议的国际影响力。二要积极参与国际性事物，以各国能够接受的方式传播"丝路精神"和合作理念，增强我国与"一带一路"国家的政治和文化互信，增强相关智库研究成果的国际渗透力，进而消除国外舆论对"一带一路"倡议的误解和误读，使"丝路精神"为相关国家人民接受和传播。

"一带一路"媒体关注度评价报告

为持续跟踪评价国内媒体"一带一路"信息传播和舆论引导成效，国家信息中心"一带一路"大数据中心研发了"一带一路"媒体关注度指数，并对国内报纸、期刊、新闻网站等媒体进行了测评。测评结果显示：从报道数量看，报纸类媒体"一带一路"发文量反超期刊，并保持平稳增长，国家级新闻网站发文量是地方性新闻网站的 1.5 倍；从关注主题看，报道的重点从设施联通、贸易畅通开始转向资金融通、民心相通等方向；从所属地域看，西部和东南沿海地区传统媒体最关注"一带一路"，广东关注"一带一路"的新闻网站最多；从行业属性看，贸易类期刊表现突出，多领域国家级新闻网站纷纷关注"一带一路"；从传播影响看，传统媒体中期刊类媒体传播力高于报纸类媒体，网络媒体中国家级新闻网站传播力高于地方性新闻网站。

媒体是"一带一路"倡议的传声筒，在宣传"一带一路"核心理念、合作内容、政策法规、建设进展与成效方面的作用不可或缺。"一带一路"倡议提出五年来，国内各类媒体积极作为，不断加强"一带一路"倡议的宣传报道工作，为"一带一路"建设中增进理解信任、加强全方位交流打下良好基础。为持续跟踪评价国内媒体"一带一路"信息传播和舆论引导成效，促进其宣传好"一带一路"，讲好中国故事，2018 年，国家信息中心"一带一路"大数据中心在上一年工作基础上，持续完善"一带一路"媒体关注度指数，并跟踪测评国内各类媒体对"一带一路"的关注情况。

一、指数介绍

（一）指标体系的构建

"一带一路"媒体关注度指数按照传统媒体关注度和网络媒体关注度两类进行综合测评。其中，传统媒体分为报纸和期刊，重点考察其"一带一路"相关文章的发表量、下载量和被引量；网络媒体主要以新闻网站为主体，除继续沿用2017年指标，考察网站"一带一路"相关文章的发文量、搜索引擎加权收录量、Alexa排名外，今年新增微信传播力指标，从网站、微信两个方面考察新闻网站"一带一路"文章发布及传播效果。具体指标体系构建及权重见表1。

表1　"一带一路"媒体关注度指数指标体系

一级指标	二级指标	三级指标	指标说明
传统媒体	报纸类（100）	发文量（60）	刊登"一带一路"相关文章数量。
		下载量（30）	刊登"一带一路"相关文章被下载次数。
		被引量（10）	刊登"一带一路"相关文章被引用次数。
	期刊类（100）	发文量（50）	"一带一路"相关文章发表数量。
		下载量（30）	"一带一路"相关文章被下载次数。
		被引量（20）	"一带一路"相关文章被引用次数。
网络媒体	新闻网站（100）	发文量（50）	网站上发布的"一带一路"相关文章数量。
		搜索引擎加权收录量（30）	网站上"一带一路"相关文章被百度、搜狗、360、必应等搜索引擎加权收录数量。
		Alexa排名（10）	网站的Alexa全球排名。
		微信传播力（10）	网站配套微信公众号的信息传播能力。

（二）评价对象和方法

此次参评对象分为报纸、期刊和新闻网站三类。其中，报纸类媒体以2017年以来刊登过"一带一路"相关文章的410家国内报纸为参评对象；期刊类媒体以2017年以来发表过"一带一路"相关文章的

1785 家国内期刊为参评对象；新闻网站类媒体以中央网信办 2018 年公布的 94 个中央与 154 个地方互联网新闻信息服务单位为参评对象。

本指数主要采取互联网采集和大数据分析等方法进行测评。数据采集时间范围：2017 年 1 月 1 日至 2018 年 5 月 1 日。[①]数据来源包括：（1）中国知网（CNKI）报纸库、期刊库中与"一带一路"主题直接相关的文章共计 1 万余篇；（2）百度、搜狗、360、必应的搜索引擎收录的参评网站中与"一带一路"相关的数据共计 1000 多万条。

二、测评结果

（一）报纸类媒体排行榜

报纸类媒体按照报纸发行主体分为国家级报纸、省级报纸和地市级报纸三类，每种类型选取关注度排名前三十位的媒体。

表 2 "一带一路"媒体关注度排行榜（国家级报纸）

排名	报纸名称	排名	报纸名称	排名	报纸名称
1	国际商报	11	中国工业报	21	中国产经新闻
2	人民日报	12	人民政协报	22	上海证券报
3	中国社会科学报	13	中华工商时报	23	中国能源报
4	21 世纪经济报道	14	中国文化报	24	国家电网报
5	经济日报	15	中国国门时报	25	证券日报
6	光明日报	16	经济参考报	26	现代物流报
7	中国贸易报	17	第一财经日报	27	科技日报
8	人民日报海外版	18	中国教育报	28	中国石油报
9	中国经济时报	19	中国经济导报	29	人民法院报
10	金融时报	20	中国证券报	30	中国经营报

[①] 新闻网站的发文量和搜索引擎加权收录量采集时间：2013 年 9 月 7 日至 2018 年 5 月 1 日。

表3 "一带一路"媒体关注度排行榜（省级报纸）

排名	报纸名称	排名	报纸名称	排名	报纸名称
1	陕西日报	11	甘肃日报	21	湖南日报
2	浙江日报	12	新华日报	22	吉林日报
3	北京日报	13	四川日报	23	上海金融报
4	海南日报	14	云南日报	24	各界导报
5	解放日报	15	重庆日报	25	河北日报
6	南方日报	16	贵州日报	26	天津日报
7	福建日报	17	新疆日报（汉）	27	北京商报
8	广西日报	18	山西日报	28	安徽日报
9	河南日报	19	辽宁日报	29	江西日报
10	文汇报	20	湖北日报	30	云南政协报

表4 "一带一路"媒体关注度排行榜（地市级报纸）

排名	报纸名称	排名	报纸名称	排名	报纸名称
1	西安日报	11	郑州日报	21	长沙晚报
2	钦州日报	12	深圳商报	22	徐州日报
3	连云港日报	13	威海日报	23	马鞍山日报
4	宁波日报	14	泉州晚报	24	芜湖日报
5	宝鸡日报	15	金华日报	25	绵阳日报
6	深圳特区报	16	东莞日报	26	厦门日报
7	青岛日报	17	青海日报	27	中山日报
8	杭州日报	18	北海日报	28	乌鲁木齐晚报（汉）
9	珠海特区报	19	南宁日报	29	昆明日报
10	兰州日报	20	滨海时报	30	自贡日报

（二）期刊类媒体排行榜

期刊类媒体由于涉及较多专业领域，类别较杂，因此统一按照指数综合评价，选出关注度排名前三十位的媒体。

表5 "一带一路"媒体关注度排行榜（期刊类）

排名	期刊名称	排名	期刊名称
1	中国对外贸易	16	时代金融
2	中国商论	17	中国流通经济
3	国际贸易问题	18	商场现代化
4	新疆师范大学学报(哲学社会科学版)	19	税务研究
5	大陆桥视野	20	中国经贸导刊
6	经济研究导刊	21	经济纵横
7	国际经济合作	22	经济研究参考
8	国际贸易	23	现代商业
9	人民论坛	24	商业经济
10	现代交际	25	现代商贸工业
11	商业经济研究	26	中国国际财经(中英文)
12	广东财经大学学报	27	开发研究
13	经贸实践	28	中国市场
14	世界知识	29	现代经济信息
15	当代世界	30	中国报道

（三）新闻网站类媒体排行榜

新闻网站类媒体根据主办单位的性质分为国家级新闻网站和地方性新闻网站两类，每种类型各排出关注度前三十位的媒体。

表6 "一带一路"媒体关注度排行榜（国家级新闻网站）

排名	网站名称	排名	网站名称	排名	网站名称
1	人民网	11	未来网	21	证券时报网
2	中国网	12	人民政协网	22	求是网
3	光明网	13	央广网	23	海外网
4	中国经济网	14	中国新闻网	24	半月谈网
5	环球网	15	中国网络电视台	25	中国质量新闻网（中国质检网）
6	中国青年网	16	国际在线	26	中国侨网
7	中国日报网	17	和讯网	27	中国发展网
8	中青在线	18	中国军网	28	上观（解放网）
9	新华网	19	中国文明网	29	中国电力新闻网
10	参考消息网	20	中工网	30	中国科技网

表7 "一带一路"媒体关注度排行榜（地方性新闻网站）

排名	网站名称	排名	网站名称	排名	网站名称
1	大众网	11	南海网	21	泉州网
2	浙江在线	12	华声在线	22	荔枝网
3	贵阳网	13	界面	23	陕西传媒网
4	广西新闻网	14	东南网	24	中国甘肃网
5	南方新闻网	15	深圳新闻网	25	新蓝网
6	观察者网	16	每日甘肃网	26	奥一网
7	大江网	17	青岛新闻网	27	南昌新闻网
8	齐鲁网	18	厦门网	28	中国西藏网
9	澎湃新闻	19	扬子晚报网	29	洛阳网
10	荆楚网	20	金羊网	30	映象网

三、分析结论

（一）从报道数量看，报纸发文量反超期刊，并保持平稳增长，国家级新闻网站发文量是地方性新闻网站的 1.5 倍

传统媒体方面，五年来，报纸"一带一路"发文量累计高达 2 万余篇，期刊"一带一路"发文量累计 3 万篇。2017 年 5 月前，期刊年度月均发文量高于报纸，2017 年 5 月"一带一路"国际合作高峰论坛之后，报纸"一带一路"发文量猛增（增幅高达 220%），明显超过期刊发文量，并保持平稳增长。2017 年和 2018 年，报纸的年度月均发文量均超过 1000 篇（见图 1）。期刊发文量在 2017 年 3 月出现较大降低（降幅高达 89%，见图 2），2017 年和 2018 年，期刊的年度月均发文量分别为 321 篇和 513 篇。

网络媒体方面，国家级新闻网站是"一带一路"新闻宣传的主力军，发文量是地方性新闻网站的 1.5 倍，且国家级新闻网站文章是地方性新闻网站转载的主要来源。从具体媒体发文看，国家级新闻网站

榜单前十位的发文量占所有参评国家级新闻网站总发文量的 63%，地方性新闻网站榜单前十位的发文量占地方性新闻网站总发文量的 64%，国家级新闻网站（榜单前十位）每日近百条和地方性新闻网站（榜单前十位）每日超 50 条的发文量，有力地保障了"一带一路"资讯的及时传播。

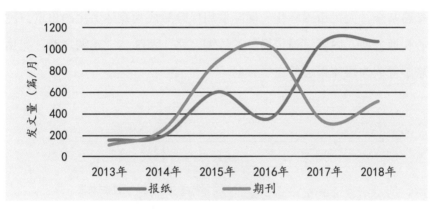

图 1 "一带一路"倡议提出以来传统媒体年度月均发文量变化

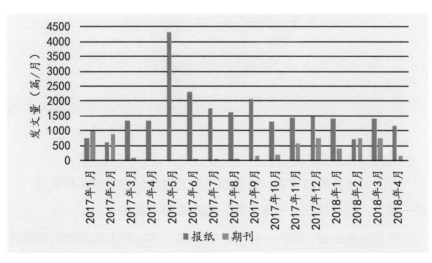

图 2 2017—2018 年报纸和期刊"一带一路"文章月度发文量

（二）从关注主题看，报道的重点从设施联通、贸易畅通开始转向资金融通、民心相通等领域

从报道主题看，政策沟通、设施联通、贸易畅通、民心相通、资金融通方面，媒体报道占比分别为11%、14%、15%、23%、37%，与2017年之前重点关注设施联通、贸易畅通相比，开始逐步关注资金融通、民心相通等方向（见图3）。资金融通方面，跨国项目融资、丝路基金、人民币国际化、国际信用保险等成为媒体关注的焦点，民心相通方面，国际汉语传播、"丝绸之路"留学、"丝绸之路"文化旅游等成为媒体报道的主要方向。

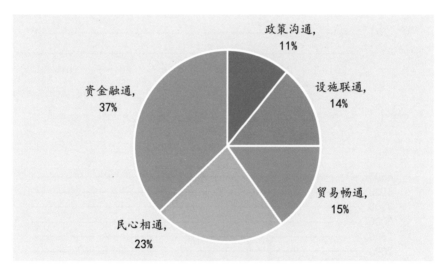

图3　国内媒体对"一带一路"五大合作内容的关注度

（三）从所属地域看，西部和东南沿海地区传统媒体最关注"一带一路"，广东关注"一带一路"的新闻网站最多

从总发文量看，陕西、广东、浙江、广西、江苏五地的传统媒体最关注"一带一路"，发文量位列前五。报纸发文方面，陕西、广东、浙江、江苏、四川的报纸类媒体"一带一路"文章发文量较大，位列前五位。期刊发文方面，新疆、广西、浙江、重庆、甘肃的期刊类媒体"一带一路"文章发文量较多（见图4）。从榜单排名看，陕西、西安分列省级和地市级报纸榜首。地市级报纸榜单中，广东省内报纸入榜数量最多（5个）。

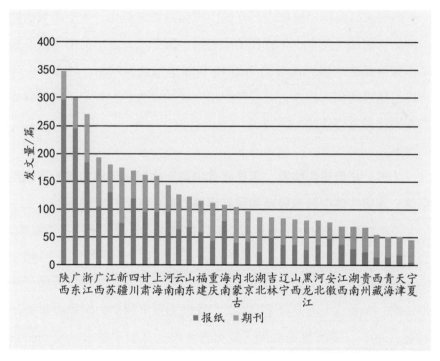

图4　2017—2018年关注"一带一路"的传统媒体地域分布情况

地方性新闻网站方面，榜单前五位网站分属于山东、浙江、贵州、广西、广东。广东（4个）、上海（3个）、山东（3个）与江苏（3个）入榜媒体最多。

（四）从行业属性看，贸易类期刊表现突出，多领域国家级新闻网站纷纷关注"一带一路"

期刊类媒体榜单中，对外贸易、国际贸易类期刊表现亮眼，《中国对外贸易》《国际贸易问题》《中国经贸导刊》等期刊较 2017 年榜单相比，排名提升较快。新进入榜单的期刊《经贸实践》排名也较为靠前。

国家级新闻网站榜单中，开始出现面向特定群体、特定领域的新闻网站，例如关注青少年成长的未来网、服务工人群体的中工网、报道军事要闻的中国军网等均为 2018 年榜单的新晋网站。随着"一带一路"建设的深入推进，"一带一路"开始成为各行各业、各类群体广泛关注的重要话题。

（五）从传播影响看，传统媒体中期刊类媒体传播力高于报纸类媒体，网络媒体中国家级新闻网站传播力高于地方性新闻网站

传统媒体方面，从下载量看，期刊类媒体下载量优于报纸类媒体，期刊类媒体月均下载量（4 万篇）是报纸类媒体（2 千篇）的 20 倍，期刊类媒体"一带一路"单篇文章平均下载 348 次，报纸类媒体"一带一路"单篇文章平均下载 82 次。报纸文章下载中，国家级报纸下载量占 60%，省级和地市级下载量占 40%。从被引量看，期刊类媒体"一带一路"相关文章被引量共 1475 篇，报纸类媒体"一带一路"相关文章被引量共 27 篇。在传统文献传播与利用方面，传统期刊类媒体的传播力明显高于报纸类媒体。

网络媒体方面，国家级新闻网站在网络信息传播力度上均明显优于地方性新闻网站。测评发现，搜索引擎加权收录量、Alexa 排名、微信传播力三级指标得分排名前二十位的网站中，国家级新闻网站数量均超过地方性新闻网站（见图 5）。

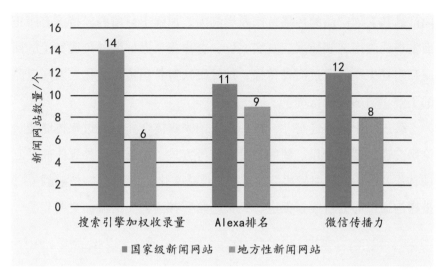

图5 "网络媒体"三级指标得分排名前二十的新闻网站数量分布情况

四、政策建议

民心相通是"一带一路"建设的人文基础，为充分发挥媒体在增进"民心相通"中的积极作用，建议加强以下几方面的工作：

第一，突出重点，促进优质新闻产品的生产制作。加强对"一带一路"倡议的政策解读和舆论引导，围绕"一带一路"互利共赢合作理念，聚焦政策沟通、设施联通、贸易畅通、资金融通、民心相通进展，聚焦重点国家、重点园区和重点项目，聚焦"一带一路"国家民众获得感等方面强化报道。注重根据受众对象不同，鼓励开发影视作品、视频短片、微视频、歌曲游戏等优质视听产品，真实、立体、全面、准确地宣传"一带一路"进展及成果。

第二，坚持正面宣传，积极应对负面杂音。媒体需要根据"一带一路"国家的受众需求，尊重海外传播规律，确定合适的传播主题，运用恰当的传播语言，掌握海外新媒体平台的传播技能，积极拓展新闻产品和文创产品的传播范围及影响力。加强舆情监测，持续有序正面发声，应用客观数据、真实案例、合作成果做好海外负面舆论的回应和引导工作。通过海外传播，加深民众对各国历史文化、发展道路的了解，增加互信认同。

第三，积极推进与"一带一路"国家媒体合作，通过媒体联盟、论坛交流、课题合作、新闻产品合作等方式，加强与国外媒体间的互动合作，讲述"丝路故事"、传播"丝路文化"、弘扬"丝路精神"，搭建沟通民心的桥梁，促进"一带一路"各国人文交流和文明互鉴。

一带一路

重庆参与"一带一路"建设进展及潜力

近年来，重庆充分发挥西部大开发的重要战略支点、"一带一路"和长江经济带的连接点功能，全面融入国家对外开放和区域发展战略格局，积极参与"一带一路"建设，发展成效明显，引发国内外媒体和网民的高度关注。

一、重庆参与"一带一路"建设取得积极进展

（一）相关配套文件陆续出台，政策环境不断完善

为积极参与"一带一路"建设，重庆市设立了推动"一带一路"和长江经济带发展领导小组和办公室，出台了《贯彻落实国家"一带一路"战略和建设长江经济带的实施意见》及相关工作规划，在重庆市"十三五"规划中也提出积极融入国家"一带一路"发展战略。此外，重庆市先后发布了《重庆市人民政府关于加快发展服务贸易服务外包的实施意见》《重庆市人民政府关于促进外贸回稳向好的实施意见》等系列文件，这些政策文件涉及"引进来"和"走出去"两个方向，覆盖经济、社会、文化多个层面，包括服务贸易、电子商务、"互联网＋"等多个领域，重庆参与"一带一路"建设的政策环境不断优化。

（二）积极打造多式联运，西南国际物流转运枢纽逐步形成

重庆市紧紧抓住"一带一路"和建设长江经济带战略机遇，积极打造江海联运、铁铁中转、铁空中转、公路和铁路中转、铁海联运等于一体的多式联运，初步形成了以重庆为中心的西南国际物流转运枢

纽。其中，以"渝新欧"班列的发展最具代表性。作为国内开通的首列班列，"渝新欧"已经实现常态化运营。截至 2018 年 5 月 1 日，"渝新欧"班列累计开行 1825 班（去程 1178 班、回程 647 班），开行数位居全国首位，占全国中欧班列开行总数的四分之一。"渝新欧"班列进出口总货值累计超过 200 亿美元；其中 2017 年进出口总货值约 50 亿美元，占全国中欧班列总货值的 35%。"渝新欧"班列已成为中欧班列中开行数量最多、运输货值最大、辐射范围最广、带动产业最强的班列。

（三）对外经贸合作进展顺利，"一带一路"投资快速增长

2012—2016 年重庆市利用外资额以及对外非金融类直接投资均保持增长态势（见图 1）。2017 年，全市新签订外资项目 238 个，比上年增长 6.3%。重庆市对"一带一路"国家投资保持快速增长，2017 年，本地企业共对"一带一路"30 个国家进行直接投资，签订对外承包工程合同 261 个，合同金额 47.7 亿美元；对外非金融类合同投资项目 67 个，合同金额 16 亿美元。

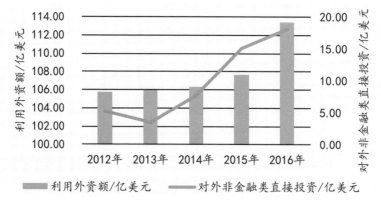

注：数据来源于重庆市统计局、《2016 年度中国对外直接投资统计公报》。

图 1　2012—2016 年重庆利用外资和对外投资情况

（四）"一带一路"旅游文化交流不断加强

重庆市重视与"一带一路"国家在内的世界各国发展友好合作关系，与海外城市共建立了42对友好合作关系。2017年全年接待入境旅游人数358.35万人次，旅游外汇收入19.48亿美元，分别增长13.2%和15.5%。此外，"一带一路"倡议提出以来，重庆市举办了多次与此相关的文化论坛活动等，例如"感知重庆·2018德国企业家重庆行"中德企业家重庆对话会、寻找"一带一路"新机遇菁英论坛、"一带一路"网络媒体责任论坛、中国茶文化与"一带一路"论坛、"一带一路"影视创意文化产业城、重庆文博会等，不断夯实与"一带一路"国家合作的民心基础。

二、国外舆论普遍对重庆参与"一带一路"建设的潜力和前景看好

（一）国外媒体和网民认为重庆参与"一带一路"建设基础良好且发展潜力较大

从关注趋势看，2017年3月开始，国外媒体和网民对重庆参与"一带一路"建设关注度大幅提升（见图2），2017年5月13日首届"一带一路"国际合作高峰论坛重庆专场发布会，系统介绍重庆参与"一带一路"建设情况，引起媒体和网民的关注高峰。从总体情绪看，22.71%的国外媒体和网民态度积极（见图3），认为重庆对外开放基础较好，"渝新欧"班列自开行以来运营良好，对外开放平台逐步完善，已成为中国内陆的国际物流枢纽和开放高地，并普遍对重庆参与"一带一路"建设的潜力和前景看好。

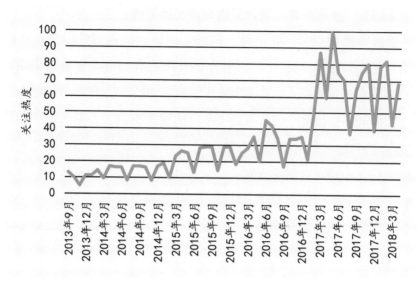

图 2　国外媒体和网民对重庆参与"一带一路"建设的关注趋势

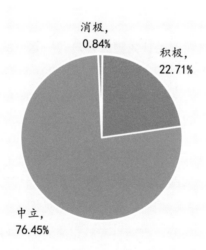

图 3　国外媒体和网民对重庆参与"一带一路"建设的情绪占比

（二）"重庆与欧洲及东盟国家互联互通加速外贸发展"成国外舆论热议话题

关于重庆参与"一带一路"建设，国外媒体和网民围绕重庆与欧洲和东盟的互联互通、重庆优势产业发展、重庆旅游和城市发展等话题展开讨论。其中"重庆与欧洲、东盟国家互联互通加速重庆和中国其他地区外贸发展"最受关注，国外媒体和网民普遍认为重庆内部物流基础以及对外联通的基础都较好，有利于促进重庆、中国其他地区和"一带一路"国家的贸易发展。第一，对内物流基础方面，重庆市不断夯实自身物流基础，例如两江新区、果园港建设不断完善。第二，对外互联互通方面，重庆市努力实现与"一带一路"国家的互联互通，促进与欧洲以及南亚、东盟经贸发展。例如，通过"渝新欧"班列加强了与欧洲间的联通，实现欧洲与亚洲的多式联运，不断降低物流成本，为"一带一路"国家和中国的贸易发展提供了更多机会；依托渝昆泛亚铁路，与中国—中南半岛、孟中印缅经济走廊相融合，努力开拓向南亚和东盟的国际贸易路线。

（三）欧美和东盟国家对重庆参与"一带一路"建设最为关注

从关注的国家看，美国、英国、德国等欧美国家和新加坡、印度尼西亚等东盟国家对重庆参与"一带一路"建设的关注度较高（见图4）。对重庆参与"一带一路"较为关注的国家可以分为三类：第一类是以美国、英国、加拿大为代表的非"一带一路"且与重庆没有铁路联通的国家，关注重庆与欧洲的铁路互联互通，认为欧亚铁路将重庆与欧洲联系起来，将促进以重庆为代表的中国西部地区的发展。第二类是以德国为代表的非"一带一路"但与重庆有"渝新欧"国际铁路联通的国家，关注"渝新欧"班列对中国以及本国的意义，希望通过增加本国与重庆班列间的联通，以重庆为起点拓展中国市场。第三类是以新加坡、俄罗斯、马来西亚、印度尼西亚为代表的"一带一路"国家，认可重庆在"一带一路"建设中的重要意义，希望与重庆展开全方位合作。

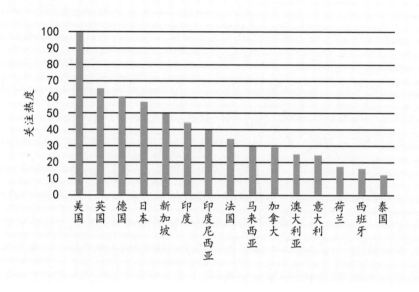

图 4　关注重庆参与"一带一路"建设的主要国家

（四）铁路、通信、航空航天等领域最受国外媒体和网民关注

从国外媒体和网民最关注的合作领域看，铁路、通信、航空航天、摩托车、汽车等十大行业最受期待，美国、德国、印度、英国、新加坡讨论较多（见表1）。随着"一带一路"和长江经济带建设的不断推进，重庆的区位优势更加明显，旅游发展支撑进一步增强，随着重庆的知名度和美誉度不断提升，其旅游景点和特色小吃等也受到国外媒体和网民的积极关注，其中长江三峡、磁器口、大足石刻等旅游景点以及重庆火锅、重庆小面、重庆辣子鸡等美食品牌的关注度最高（见表2）。

表1　国外媒体和网民讨论较多的重庆十大领域

关注热度排名	领域	最关注国家①
1	铁路	美国、德国、新加坡、加拿大、印度
2	通信	美国、德国、印度、日本、新加坡
3	航空航天	美国、印度、德国、新加坡、日本
4	摩托车	美国、英国、德国、印度尼西亚、新加坡
5	汽车	美国、德国、印度、日本、新加坡
6	水泥	美国、德国、英国、印度尼西亚、意大利
7	机床工具	美国、德国、新加坡、印度尼西亚、日本
8	棉纺	美国、德国、英国、印度尼西亚、印度
9	电子制造	印度、美国、菲律宾、加拿大、英国
10	钢铁	美国、加拿大、阿联酋、印度、英国

表2　最受国外媒体和网民关注的重庆十大旅游景点和特色小吃

关注热度排名	旅游景点	特色小吃	关注热度排名	旅游景点	特色小吃
1	长江三峡	重庆火锅	6	钓鱼城	江津米花糖
2	磁器口	重庆小面	7	芙蓉洞	重庆酸辣粉
3	大足石刻	重庆辣子鸡	8	巫峡	老四川牛肉干
4	解放碑	磁器口麻花	9	朝天门	白市驿板鸭
5	小三峡	重庆怪味胡豆	10	白帝城	长寿薄脆

三、国内舆论积极评价重庆参与"一带一路"建设

（一）近九成国内媒体和网民看好重庆参与"一带一路"建设前景

从国内总体情绪看，86.53%的媒体和网民看好重庆参与"一带一路"建设（见图5），主要观点有：一是重庆形成了水陆空三个国

————————————

① 国家根据关注热度高低依次排序。

家级的枢纽、三个一类口岸、三个保税区的"三个三合一"特征，成为我国内陆地区的开放高地。二是以汽车、摩托车、电脑等为代表的"重庆制造"已经走出国门，具有了较高的认知度和贸易基础。三是重庆与"一带一路"国家的互联互通，将进一步加强国内外优质资源的集群发展与创新升级。但也有2.99%的媒体和网民较为悲观，认为重庆不沿边、不靠海，地理条件欠佳，金融条件也不够成熟，可能影响重庆参与"一带一路"建设的效果。

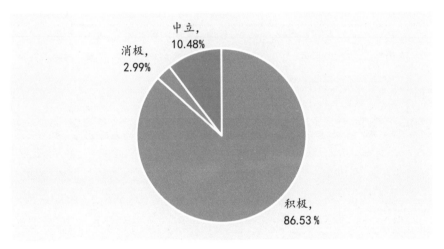

图5　国内媒体和网民对重庆参与"一带一路"建设的情绪占比

（二）互联互通大通道建设、自贸区建设等是国内媒体和网民讨论最多的话题

从国内媒体和网民讨论的话题看，重庆如何融入"一带一路"建设的相关话题讨论最多，包括"渝新欧"国际铁路建设为基础的互联互通大通道建设、自贸区建设、对外开放格局、旅游和文化交流、跨境电商、金融合作等，其次是重庆参与"一带一路"建设的定位和优势。具体来看，互联互通大通道建设最受关注（见图6），媒体和网

民普遍认为重庆参与"一带一路"建设的关键就在国内和国外两个层面基础设施的互联互通，打造成为长江经济带上游多式联运的联通枢纽，并通过"渝新欧"班列等建立中欧通道铁路运输、口岸通关协调机制，为参与"一带一路"建设提供联通保障。

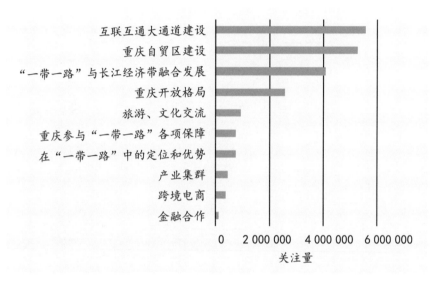

图 6　国内媒体和网民对重庆参与"一带一路"建设讨论的热点话题

（三）国内媒体和网民期待重庆与俄罗斯、印度、韩国、新加坡、泰国等国家展开铁路、汽车、钢铁等领域的合作

从国内媒体和网民关注重庆与"一带一路"国家的合作看，俄罗斯、印度、韩国、新加坡、泰国等国家最受关注（见表 3），媒体和网民期待重庆与这些"一带一路"国家开展铁路、汽车、钢铁、通信、水泥等领域的合作（见图 7），具体而言：期待重庆与新加坡和俄罗斯开展航空产业、直升机制造等制造业领域以及金融服务和保税商品交易等服务贸易领域的合作；与印度开展制造业、基础设施建设、汽车、纺织等领域的合作；与泰国、越南和马来西亚等国家开展贸易、投资、旅游、教育等领域的合作；与老挝、蒙古国等国家开展建筑、汽车等领域的投资；与哈萨克斯坦、波兰、土耳其等国家开展铁路、物流等交通基础设施建设和跨境电商合作。

表3　国内媒体和网民最期待与重庆开展合作的"一带一路"国家

关注量排名	国家	关注量排名	国家
1	俄罗斯	11	巴基斯坦
2	印度	12	伊朗
3	韩国	13	土耳其
4	新加坡	14	菲律宾
5	泰国	15	老挝
6	哈萨克斯坦	16	波兰
7	蒙古国	17	埃及
8	越南	18	柬埔寨
9	马来西亚	19	以色列
10	缅甸	20	南非

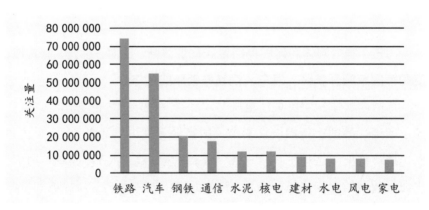

图7　国内媒体和网民认为最有潜力开展合作的重庆十大领域

四、专家建议

专家建议重庆应坚持在融入国家对外开放和区域发展战略中谋划自身发展，充分融入"一带一路"，积极利用国际和国内两个市场，培育形成国际经济合作和竞争新优势，建设内陆开放高地。

第一，发挥重庆交通枢纽地位，加强多式联运建设，完善以"渝新欧"班列为基础的互联互通大通道建设。一是完善重庆本市的物流园区、机场等枢纽配套建设，大力发展与其他地区间的多式联运，建设成为长江上游综合交通枢纽。二是继续完善"渝新欧"班列建设，建立货物的物流信息系统和稳定的货源回程运作模式，打造中欧班列品牌。三是不断拓展与南亚、东盟的互联互通，依托渝昆泛亚铁路，打通重庆连接东盟国家的物流大通道。

第二，继续优化产业结构，推进信息通信、汽车等优势产业集聚，培育跨境电商、新能源等特色产业集群，打造"一带一路"产业腹地。一是巩固汽车、摩托车、电子制造等优势行业和产业的发展，并强化轨道交通、通信设备等装备制造业的综合竞争新优势。二是积极将重庆打造成内陆国际贸易分拨、中转、销售、结算中心，鼓励各种跨国公司在重庆设立运营中心，培育"一带一路"国家经重庆开展转口贸易。三是加速新兴产业布局和集聚发展，大力发展战略性新兴产业，推动上中下游产业链的发展。

第三，开展金融服务创新，建设国内重要功能性金融中心，为对外合作提供金融保障。一是大力发展离岸金融结算、跨国公司资金结算等国际金融服务，进一步提升投融资便利化工作。二是吸引专业从事跨地区贸易与国际贸易的企业，健全内陆开放型经济新体制，发挥长江经济带西部中心枢纽功能。三是积极研究对接丝路基金，创新跨境资金使用，加强国际金融合作。

　　第四，积极建设国际知名旅游目的地品牌，推动巴渝文化"走出去"，讲好重庆故事，提升文化软实力和综合影响力。一是依托重庆优势特色旅游资源，打造重庆旅游国际知名品牌，提高旅游国际开放水平，加强与"一带一路"国家的旅游合作。二是积极与"一带一路"国家开展城市、教育等方面文化交流活动，例如双城文化节、教育合作论坛等。三是依托重庆美食、知名品牌等讲好重庆故事，积极推广巴渝特色文化和品牌，例如重庆火锅、重庆小面等美食背后的文化特质，力帆、惠普等背后的重庆文化软实力，进一步夯实重庆对外合作的民心基础。

海南参与"一带一路"建设进展及潜力

海南位于中国的最南端，是我国发展面向南海、太平洋和印度洋战略合作经济带的重要支点，在推进"一带一路"特别是21世纪海上丝绸之路建设中具有独特的区位优势。近年来，海南积极参与"一带一路"建设，通过博鳌亚洲论坛等重大国际平台吸引了国内外的广泛关注。

一、海南积极参与"一带一路"建设，成效初步显现

（一）"一带一路"管理机制逐步健全，政策环境不断完善

海南省"十三五"规划明确提出，全面融入国家"一带一路"倡议，推动海南与"一带一路"国家港口、航空等交通基础设施的互联互通，推进临港经济区、临空经济区建设，致力将海南打造成"一带一路"国际交流合作大平台。海南省已成立参与"一带一路"建设工作领导小组和办公室；同时，为更好参与"一带一路"，制定实施了《海南省对外交往规划（2015—2020）》《海南省参与"一带一路"建设对外交流合作五年行动计划（2017—2021年）》《海南省参与"一带一路"三年（2017—2019）滚动行动计划》《海南省对外交往规划（2015—2020）》《海南省参与"一带一路"建设涉外工作方案》等一批重要文件，进一步明确了海南省参与"一带一路"建设对外合作的总体目标、行动计划和具体举措。海南省正在实施更加开放的投资、贸易、旅游政策，积极制定"一带一路"对接政策及相关落实方案。这些政策和措施的出台，为海南全面融入"一带一路"建设提供了良好的政策环境。

（二）航空、港口等基础设施互联互通能力进一步增强

民航成为海南进出港旅客最主要的交通方式。2017年，民航旅客周转量占四大交通方式（铁路、公路、水运、民航）的84.03%（见图1）。过去五年，海南省国际航线由12条拓展到57条，覆盖了东盟大部分国家以及印度、蒙古国、俄罗斯等国家。全省民航旅客周转量连续五年上升，2017年达到713.12亿人千米（见图2）。

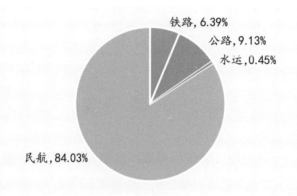

注：数据来源于2017年海南省统计公报。

图1　2017年海南不同方式旅客周转量合计占比情况

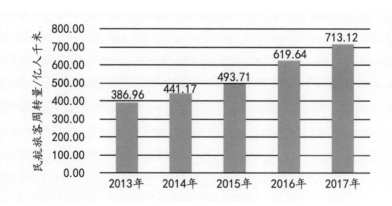

注：数据来源于2013—2017年海南省统计公报。

图2　2013—2017年海南民航旅客周转量变化情况

　　水运是海南对外货物运输的主要方式。2017年，通过水运方式进出海南省的货物周转量约占四大运输方式（铁路、公路、水运、民航）的88.11%（见图3）。自"一带一路"倡议提出以来，全省港口货物吞吐量持续增加，2017年达到17 941.91万吨（见图4）。

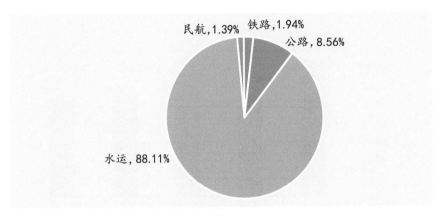

注：数据来源于2017年海南省统计公报。

图3　2017年海南不同方式货物周转量合计占比情况

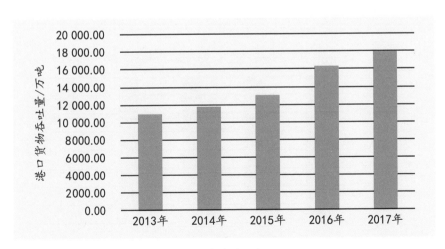

注：数据来源于2013—2017年海南省统计公报。

图4　2013—2017年海南港口货物吞吐量变化情况

（三）新兴贸易方式发展迅速，投资水平进一步提升

受到国际贸易放缓和经济发展总体低迷影响，海南省外贸发展有所放缓（见图5），但贸易逆差缺口总体趋向收窄，2017年贸易逆差额进一步减少（见图6）。值得关注的是，2017年海南省新兴贸易方式发展迅速，免税品贸易方式进口57.5亿元人民币，增长29.1%。

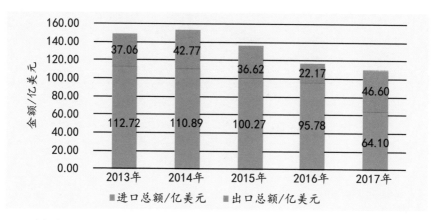

注：数据来源于2013—2017年海南省统计公报。

图5　2013—2017年海南对外进出口额情况

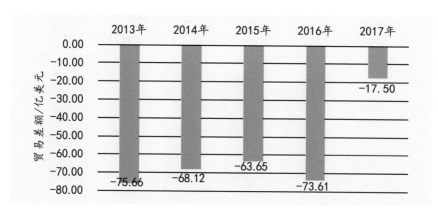

注：贸易差额＝出口额－进口额。数据来源于2013—2017年海南省统计公报。

图6　2013—2017年海南对外贸易进出口差额变化情况

从贸易对象国看,海南省与"一带一路"国家的贸易往来密切,东盟成为主要贸易伙伴。2017年,与海南省贸易额最多的前十名"一带一路"国家中,有六个来自东盟(见图7)。

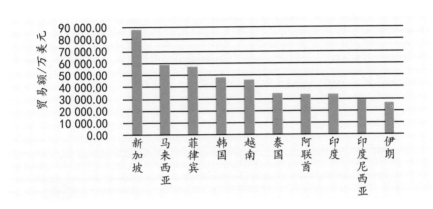

注:数据来源于海口海关。

图7　2017年与海南贸易额最多的主要"一带一路"国家

吸引外资及对外投资水平明显提高。2013—2017年,海南省实际利用外资额整体呈上升趋势(见图8),2017年实际利用外资23.06亿美元,同比增长4.06%;对外投资方面,2017年海南省共备案境外投资企业29家,境外非金融类投资总额为137.9亿美元,同比增长109%。

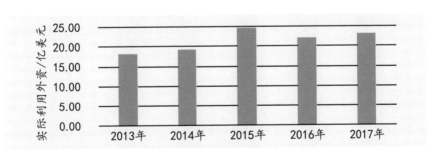

注:数据来源于2013—2017年海南省统计公报。

图8　2013—2017年海南实际利用外资情况

（四）旅游、文化交流异彩纷呈

海南省独特的地理位置和丰富的旅游资源，在与"一带一路"国家特别是 21 世纪海上丝绸之路国家的人文交流方面发挥了重要作用。在旅游方面，海南省以打造中国旅游特区作为参与"一带一路"建设的重要突破口，以建成世界一流的精品旅游目的地、打造国际旅游岛的"升级版"为目标。近年来旅游收入持续增加，2017 年达到811.99 亿元人民币（见图 9），同比增长 20.81%。

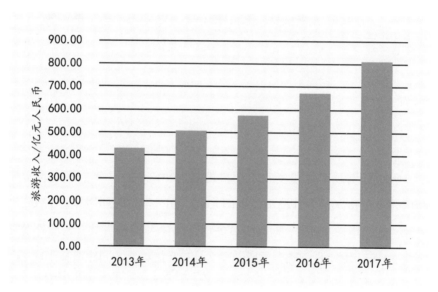

注：数据来源于 2013—2017 年海南省统计公报。

图 9　2013—2017 年海南旅游收入情况

在友好城市建设方面，海南与"一带一路"国家合作培育了一批"核心友城"。目前共缔结 56 对友好城市关系，其中 24 对属于"一带一路"国家，形成了海南与"一带一路"国家友好城市交往的新格局。

此外，海南举办与"一带一路"相关的文化活动不断增多，涉及领域不断扩展。近五年来,海南充分发挥博鳌亚洲论坛的带动力,全方位开展国际经贸文化交流,举办 21 世纪海上丝绸之路岛屿经济分论坛、中国—东盟省市长对话等主题活动,举办"一带一路"高等教育国际论坛、海南"21 世纪海上丝绸之路"电影节、电影合作与发展高峰论坛等,逐步打造海南"一带一路"国际交流合作大平台。

二、国外舆论高度关注海南参与"一带一路"建设

(一)国外媒体和网民对海南参与"一带一路"持续高度关注

国外媒体和网民对海南参与"一带一路"建设持续保持较高关注(见图 10)。欧美和东盟国家对海南省参与"一带一路"建设最为关注(见表 1)。

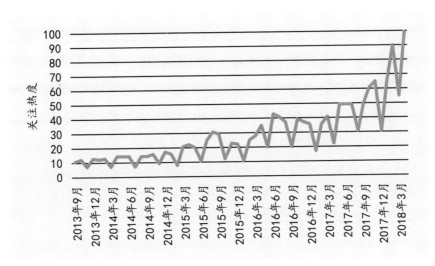

图 10　国外媒体和网民对海南参与"一带一路"建设的关注趋势

表1　关注海南参与"一带一路"建设的主要国家

关注热度排名	国家	关注热度排名	国家
1	美国	9	加拿大
2	新加坡	10	菲律宾
3	英国	11	西班牙
4	马来西亚	12	俄罗斯
5	印度尼西亚	13	巴基斯坦
6	日本	14	意大利
7	澳大利亚	15	泰国
8	法国	—	—

（二）国外媒体和网民认为海南在"一带一路"建设中将发挥重要作用

从对海南参与"一带一路"的情绪占比看，国外媒体和网民态度总体较为正面，以中立和积极情绪为主，其中积极情绪占比为21.94%，媒体和网民认为海南在历史上就为"海上丝绸之路"做出过重要贡献，现阶段更应凭借其重要的地理位置，成为"一带一路"建设的重要支点，"海南在地理上非常适合'一带一路'倡议"；中国政府进一步推进海南开放的计划具有重要的政治和经济意义，"一带一路"将进一步提升海南旅游地位。持中立态度的媒体和网民认为，海南如果能根据中国国家发展战略及时主动建立国际产业合作链，积极融入"一带一路"特别是21世纪海上丝绸之路建设，就能够促进海南与东盟国家的贸易以及本省经济的发展。

（三）"一带一路"助推海南发展旅游、贸易和投资等话题受到国外舆论的热议

"一带一路"推动海南旅游业发展引起国外媒体和网民的热烈讨

论。首先，认为旅游业的发展是海南参与"一带一路"建设的重要方面，将推动海南甚至中国与"一带一路"国家的人文交流和民心相通。其次，"一带一路"促进海南省贸易、投资等方面发展也受到媒体和网民的关注，其中旅游、园区、环境合作、航空、核电等领域关注度较高（见图11）。

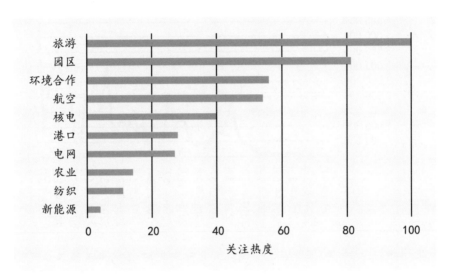

图 11　国外媒体和网民最关注的合作发展领域

三、国内舆论普遍看好海南参与"一带一路"建设前景

（一）国内媒体和网民对海南参与"一带一路"建设关注度逐渐增加，博鳌亚洲论坛成历年关注焦点

"一带一路"倡议提出以来，国内民众对海南参与"一带一路"建设的关注逐渐增多（见图12）。历年博鳌亚洲论坛的召开都是媒体和网民当年关注的焦点，2015年3月，"一带一路"成博鳌亚洲论坛热词，同时《推动共建丝绸之路经济带和21世纪海上丝绸之路

的愿景与行动》发布，提出"加大海南国际旅游岛开发开放力度"引发了媒体和网民的极大关注；2018 年 4 月，博鳌亚洲论坛召开恰逢海南经济特区成立 30 周年，海南省参与"一带一路"、建设自贸港等受到媒体和网民的关注，成为近五年的关注最高峰。

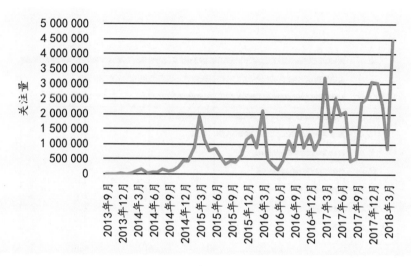

图 12　国内媒体和网民对海南参与"一带一路"建设的关注趋势

（二）83.91% 的国内媒体和网民持积极态度

从对海南省参与"一带一路"建设的态度看，83.91% 的媒体和网民持积极态度（见图 13）。观点主要有：一是认为《推动共建丝绸之路经济带和 21 世纪海上丝绸之路的愿景与行动》中明确提出要"加大海南国际旅游岛开发开放力度"，国家明确支持海南自贸区、自贸港建设，为海南对外开放和参与"一带一路"建设指明了方向和重点。二是海南可充分利用其天然地理优势，充分发挥良好的旅游资源优势，在产业"走出去"的同时，将国外的游客"引进来"，建设国际旅游岛，打造旅游业知名品牌，扩大海南岛的国外影响力。5.04%

的媒体和网民持消极态度，理由主要是认为相较于内陆省区市，海南省的制造业不够发达，欠缺产能"走出去"的先天条件。

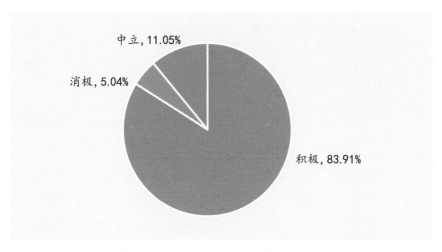

图 13 国内媒体和网民对海南参与"一带一路"建设的情绪占比

（三）促进海南国际旅游岛建设、博鳌亚洲论坛助推海南"一带一路"合作等话题受热议

从讨论话题看，促进海南省旅游业发展、打造国际旅游岛"升级版"成为媒体和网民讨论最热烈的话题（见图 14）。对该话题的讨论主要有以下三方面：第一，国家支持海南省国际旅游岛建设，在《推动共建丝绸之路经济带和 21 世纪海上丝绸之路的愿景与行动》中对海南有明确的定位，即打造国际旅游岛的"升级版"。第二，海南省可发挥全球岛屿经济体"朋友圈"作用，为全球岛屿经济发展提供公共产品，实现共同进步。第三，在海南省举办的与"一带一路"旅游合作对话交流活动等不断增多，有利于学习借鉴相关经验，升级海南旅游发展，推动打造"泛南海旅游经济合作圈"。此外，在媒体和网民最关注的产业中，旅游业关注度最高（见图 15）。

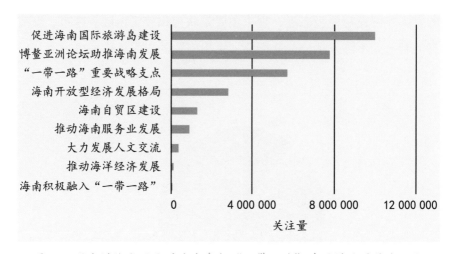

图 14　国内媒体和网民对海南参与"一带一路"建设讨论的热点话题

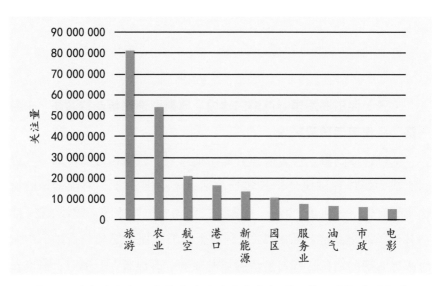

图 15　国内媒体和网民最为关注的海南参与"一带一路"建设领域

（四）国内媒体和网民建议海南进一步加强与东盟和南亚国家合作

由于地缘因素，国内媒体和网民最期待海南与东盟、南亚国家开展"一带一路"合作（见表 2）。如建议海南与东盟合作、面向东盟建立热带海洋大学;海南自贸区定位为面向东盟地区,依托港口优势,打造中国对东盟贸易的"海上桥头堡"等。

表2　国内媒体和网民最期待与海南开展合作的"一带一路"国家

关注量排名	国家	关注量排名	国家
1	俄罗斯	11	土耳其
2	印度	12	缅甸
3	韩国	13	柬埔寨
4	新加坡	14	老挝
5	菲律宾	15	以色列
6	巴基斯坦	16	埃及
7	马来西亚	17	捷克
8	泰国	18	新西兰
9	越南	19	南非
10	哈萨克斯坦	20	斯里兰卡

四、专家建议

专家建议,海南要紧紧抓住国家推进"一带一路"建设的机遇,充分利用自身区位优势和独特产业优势,加强"一带一路"倡议对接,以开放促发展,进一步推动"引进来"和"走出去"相结合,全方位提升国际旅游岛的对外开放度。

第一,加强海南省情研究,进一步细化对接方案和政策举措,创新海南对外开放合作机制。一方面,结合本省发展特色,以发展国际旅游岛为抓手,完善各方面配套设施和政策,搭建促进经济、教育、文化合作的综合平台;要与"一带一路"区域内的国家尤其是具有相似性和互补性的东盟各国展开全方位合作。另一方面,要将海南已有政策，叠加到"一带一路"倡议构想中，同时根据本省现实状况，不断制定对接"一带一路"建设的贸易、金融等方面的新政策措施。

第二，打造国际旅游岛"升级版"，推动国际旅游岛建设迈向更高水平。一是充分发挥海南生态和资源优势，打造富有特色、竞争力强的国际精品旅游线路和旅游产品。二是优化旅游环境，提供个性化服务，进一步完善旅游法规，净化旅游市场，整顿旅游秩序，提高旅游从业者素质，大力打击违法违规行为等，建设文明、安全的旅游环境。三是引入更多国际元素与国际标准，借鉴国际旅游目的地开发的成功案例，例如夏威夷和马尔代夫等，进而确定好自己所处发展阶段和主要任务，更好规划未来发展。

第三，利用博鳌亚洲论坛等机制和平台，全面扩大对外人文交流，不断扩大自身国外影响力。博鳌亚洲论坛成为海南省甚至中国对外传播的一个重要渠道，海南省可充分发挥该论坛的带动力，全面开展国际经贸文化交流的海南主题活动；借助在东盟地区的友好省州（城市）渠道、"一带一路"世界华文传媒经济论坛等论坛和博览会密切与"一带一路"国家特别是东盟国家的人文往来、智库交流，不断扩大海南的国际影响力。

第四，发展海南本省特色产业，积极推动构建"泛南海旅游经济合作圈"，支持海南制造"走出去"。一是依托热带农业、渔业等资源特色和优势，促进全省开放型农业和海洋渔业不断拓展。二是加强与环南海区域国家和地区的合作，完善南海气象监测、环境保护以及相关服务保障设施的建设，大力发展国际中转物流基地。三是指导广大的企业特别是民营企业准确把握当前有利形势，抓住 21 世纪海上丝绸之路的发展机遇，选择适合企业自身"走出去"的新路子，抱团发展、形成合力、有序竞争。

陕西参与"一带一路"建设进展及潜力

近年来，陕西省立足古丝绸之路起点和"向西开放"战略前沿区位优势，彰显科教、能源、文化等比较优势，紧扣"追赶超越"目标，围绕"五新"战略任务，全面推进"一带一路"交通商贸物流、国际产能合作、科技教育、国际旅游、区域金融五大中心建设，发展成效显著且未来潜力巨大，引发社会各界高度关注。

一、陕西推进"一带一路"建设进展顺利

（一）相关配套文件陆续出台，政策体系不断完善

2014 年陕西成立了推进丝绸之路经济带新起点建设工作领导小组，2017 年调整为推进"一带一路"建设工作领导小组。2016 年出台《陕西省推进建设丝绸之路经济带和 21 世纪海上丝绸之路实施方案（2015—2020 年）》作为核心对接文件，2015—2018 年连续四年出台行动计划，省级相关部门、市（区）也配套出台实施方案。此外，省政府还出台了《中国（陕西）自由贸易试验区管理办法》《陕西省人民政府关于扩大对外开放积极利用外资的实施意见》等相关政策，形成了多层次、全方位推进"一带一路"建设的政策支撑体系。

（二）立体综合交通网逐步形成，东西双向开放进一步畅通

航空运输方面，陕西发展临空经济优势明显，空中丝绸之路全面拓展。2013—2017 年，西安咸阳国际机场旅客运输量、货邮吞吐量

均呈现持续增长态势（见图1），2017年旅客运输量增速位居全国十大机场第一位。西安咸阳国际机场与国内外65家航空公司建立了航空业务往来，开辟通航点达198个，航线337条，国际客运航线达57条，形成了国内北上南下、东进西出，国际纵深欧美腹地的全货机网络布局。

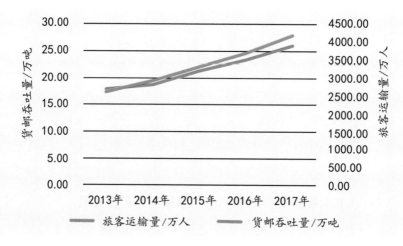

注：数据来源于中国民用航空局。

图1　2013—2017年西安咸阳国际机场的旅客运输量和货邮吞吐量

铁路联通方面，"米"字型高铁网雏形初现，基本形成"两纵五横三枢纽"骨架网。截至2017年年末，陕西铁路营业里程达到5300千米，年货运量突破3.9亿吨、客运量达到0.89亿人次，以西安为中心的"米"字型高铁网络正在逐渐形成。对外铁路货运方面，"长安号"中亚、中欧班列运营线路已达到8条、出口贸易国增加到30个，其中西安至芬兰科沃拉是北欧地区首条往返中国的国际联运铁路线路。中欧班列已成为陕西省发展外向型经济以及加快"一带一路"建设的重要抓手。

信息联通方面,陕西加快"网上丝绸之路"建设,跨境电商增势迅猛。建立了统一的基于互联网和 EDI 的数据交换平台,陕西省"一带一路"语言服务及大数据平台呼叫中心正式启用,阿里巴巴丝路总部落户西安。2017 年西安国际港务区跨境电商出口突破 500 万单,进口突破 10 万单,跨境出口单量位居全国出口试点城市前列。

(三)对外经济合作势头良好,未来经贸发展潜力巨大

2013—2017 年,陕西对外贸易总体呈现逐年增长态势,年均增长 23.8%,特别是 2017 年增长迅速,总额达 402.51 亿美元;对"一带一路"国家贸易也表现出良好势头,进口额和出口额均增加明显,2017 年出口额为 81.08 亿美元,同比增长 36.84%,进口额为 39.76 亿美元,同比增长 23.13%(见图 2)。

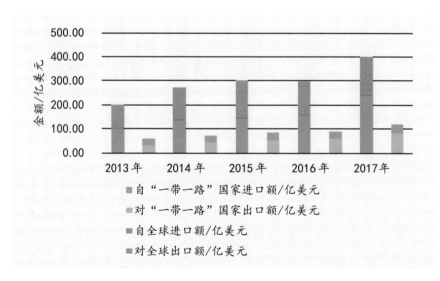

注:数据来源于海关总署。

图 2 2013—2017 年陕西与全球及"一带一路"国家进口额、出口额

　　招商引资大幅增长，对外投资合作步伐加快。2013—2017 年，陕西实际利用外商直接投资稳步提升，非金融类对外直接投资也总体保持增长态势（见图 3）。对外承包工程方面，2017 年，对外承包工程完成营业额 39.09 亿美元，同比增长 60.93%；新签合同额 37.07 亿美元，同比增长 4.95%。其中，在"一带一路"国家完成营业额 19.92 亿美元，占陕西总量的 50.95%，同比增长 62.63%；新签合同额 25.23 亿美元，占总量的 67.47%，同比增长 53.81%。

注：数据来源于商务部、陕西省商务厅。

图 3　2013—2017 年陕西对外投资与吸引外资情况

　　对外经贸合作配套设施建设逐步完善。作为西北地区唯一的自由贸易试验区，截至 2017 年年末，自贸试验区内共有各类银行业金融机构 174 家；截至 2018 年 3 月底，自贸试验区新增注册市场主体12 811 户，国际贸易"单一窗口"上线运行，海关和检验检疫部门创新推进"货站前移""舱单归并"等 24 项监管服务措施，使通关效率提升 30% 以上。目前,陕西已拥有西安综合保税区、西安高新综合保税区、西安出口加工区 A 区和 B 区 4 个海关特殊监管区域,成为吸引外资、扩大外贸的重要途径。

(四)对外人文交流形式多样,交流合作不断深入

积极举办各类"一带一路"会议活动,对外交流互动频繁。"家乡外交"持续升温,自 2015 年 5 月习近平主席在西安会见印度总理莫迪以来,几内亚总统孔戴、时任乌兹别克斯坦总统卡里莫夫等 20 多位外国政要先后来陕西参观访问。陕西积极发起或召开"一带一路"相关论坛、研讨会、博览会、艺术节等形式多样的交流活动,借助外交部陕西全球推介会、2017 中国投资论坛等重大平台向世界全方位展示陕西新形象。此外,陕西已与 35 个国家正式缔结 88 对友好城市关系;泰国、韩国、马来西亚等国家在陕西设立领事馆,德国、法国、英国等 17 国在西安设立了签证中心。此外,还举办了丝绸之路国际博览会、丝绸之路国际艺术节等丰富多彩的文化交流活动。

对外教育合作及人才交流成果丰硕。陕西依法设立及通过复核的中外合作办学机构和项目数量达 39 个;陕西高校与境外 60 余所高校开展校际交流,每年为中亚培养 1200 余名留学生;2015 年西安交通大学发起成立的丝绸之路大学联盟已有 38 个国家和地区的 150 所大学加盟并开展合作。

旅游业发展迅速。依托丰富的旅游资源,陕西不断开拓海外市场,积极打造"一带一路"国际旅游中心,已开通 20 多条丝绸之路国际旅游线路。2014—2017 年,陕西接待入境游客及国际旅游收入均保持增长态势(见图 4)。

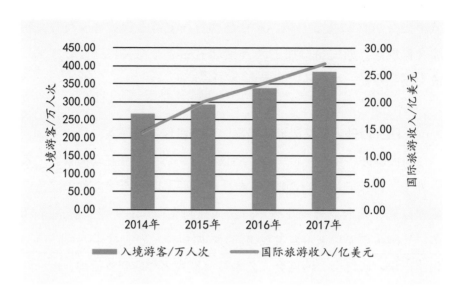

注：数据来源于2014—2017年陕西省统计公报及年鉴。

图4 2014—2017年陕西入境游客和国际旅游收入统计情况

二、陕西推进"一带一路"建设引国外媒体和网民广泛关注

（一）46.37%的国外媒体和网民认为"一带一路"为陕西提供更多国际合作机会

自"一带一路"倡议提出至今，46.37%的国外媒体和网民态度积极，认为陕西是古丝绸之路的起点，"一带一路"的有利政策给陕西制造业提供了更多合作机会，对陕西推进"一带一路"建设前景看好（见图5）。

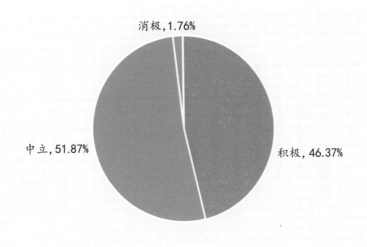

图 5　国外媒体和网民对陕西参与"一带一路"建设的情绪占比

（二）各国对陕西推进"一带一路"建设关注点各有侧重

从关注国家看，美国、英国、德国、印度、新加坡等国家对陕西参与"一带一路"建设较为关注（见图6），但各有侧重，可分为三类：一是关注陕西省特有历史文化的国家，有美国、英国、法国等，他们认为陕西是古丝绸之路的起点，"一带一路"倡议将通过更加便捷的交通运输重走古丝绸之路。二是较为关注经贸合作的国家，有印度、新加坡、印度尼西亚等，如印度网民认为双方可以在软件科技领域开展多项合作，新加坡网民希望与陕西自贸区在金融、物流等领域加强合作。三是较为关注国际物流贸易大通道的国家，有德国、俄罗斯等，如德国网民希望通过"长安号"等货运班列的联通，进一步拓展中国贸易市场。

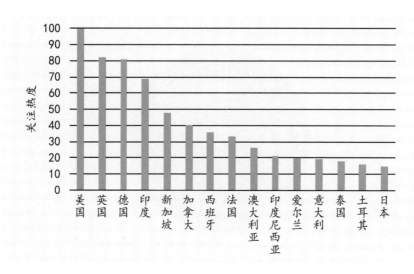

图6　关注陕西参与"一带一路"建设的主要国家

（三）陕西对外贸易发展、历史文化旅游等成最受关注话题

国外媒体和网民最关注陕西对外贸易发展（见图7），认为陕西地处中国西部内陆，"一带一路"倡议的实施为其对外贸易发展带来机遇，陕西正在借力"一带一路"加速开拓海外市场，全面提升对外开放水平。此外，陕西丰厚的历史文化旅游资源引发国外媒体和网民的持续关注，其中，秦始皇兵马俑、秦始皇陵、华山、钟鼓楼、大雁塔等旅游景点备受关注（见表1）。

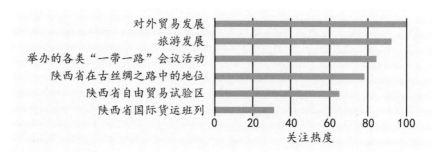

图7　国外媒体和网民对陕西参与"一带一路"建设讨论的热点话题

表1 最受国外媒体和网民关注的陕西旅游景点

关注热度排名	旅游景点	关注热度排名	旅游景点
1	秦始皇兵马俑	6	壶口瀑布
2	秦始皇陵	7	华清池
3	华山	8	法门寺
4	钟鼓楼	9	陕西历史博物馆
5	大雁塔	10	西安城墙

（四）旅游、园区、煤炭、农业、纺织等是最受关注的合作领域

从国外媒体和网民最关注的合作领域看，旅游、园区、煤炭、农业、纺织等最受期待，美国、英国、德国、印度、法国等国家讨论较多（见表2）。其中，美国、英国、德国对所有行业均较为关注，法国对电力较为关注，印度对钢铁较为关注。

表2 国外媒体和网民讨论较多的陕西十大领域

关注热度排名	领域	最关注国家①
1	旅游	美国、德国、英国、加拿大、爱尔兰
2	园区	美国、德国、英国、加拿大、澳大利亚
3	煤炭	美国、德国、英国、印度、新加坡
4	农业	美国、英国、德国、新加坡、意大利
5	纺织	美国、英国、德国、法国、西班牙
6	航空航天	美国、德国、英国、印度尼西亚、印度
7	建材	美国、英国、德国、印度、法国
8	装备制造	美国、英国、德国、法国、瑞典
9	电力	美国、德国、法国、印度、新加坡、
10	钢铁	美国、英国、印度、新加坡、德国

① 国家根据关注热度高低依次排序。

三、国内舆论对陕西推进"一带一路"建设潜力充满信心

（一）陕西推进"一带一路"建设成绩及发展规划引发广泛关注

陕西参与"一带一路"建设相关话题逐渐引起国内媒体和网民的关注，2017 年 5 月"一带一路"国际合作高峰论坛召开陕西省中外记者见面会，就陕西参与"一带一路"建设情况介绍、发展规划以及与会国外嘉宾对陕西海外形象的讨论引起媒体广泛报道和网民热议（见图 8）。

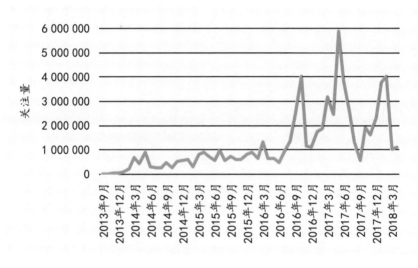

图 8　国内媒体和网民对陕西参与"一带一路"建设的关注趋势

（二）八成媒体和网民对陕西推进"一带一路"建设前景表示期待

从国内总体情绪看，80.83% 的媒体和网民对陕西参与"一带一路"建设持积极态度，认为"一带一路"倡议提出以来，陕西省积极响应、

主动融入"一带一路"建设,成果丰硕,前景可期。随着铁路、机场等物流通道以及自贸区、合作园区等平台建设,陕西省融入"一带一路"倡议将有巨大的发展潜力(见图9)。

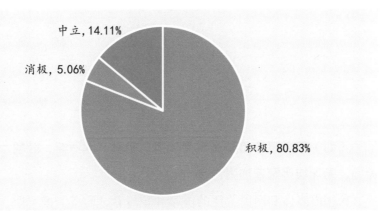

图9 国内媒体和网民对陕西参与"一带一路"建设的情绪占比

(三)历史文化旅游和对外开放物流通道成国内媒体和网民热议话题

从关注话题看,"历史文化旅游等人文交流助力'一带一路'建设"讨论最多(见图10)。一方面,在"一带一路"建设中,陕西省历史文化底蕴丰富,近年来不断拓展国际航线,积极打造丝绸之路起点旅游品牌,丝路文化旅游不断升温。另一方面,陕西省积极探索人文交流新模式,通过建设历史文化基地,扩大与"一带一路"国家的文化考古交流,加强媒体、高校及智库等联盟合作等方式,积极搭建人文交流平台,促进陕西省与"一带一路"国家的民心相通。

"打通陕西对外开放物流通道"话题的报道和讨论也相对较多,其中"长安号"中欧班列、国际航线、空港新城、"米"字型高铁网等关键词提及较多。

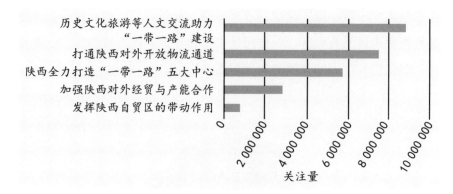

图 10　国内媒体和网民对陕西参与"一带一路"建设讨论的热点话题

（四）国内媒体和网民期待陕西与印度、俄罗斯、韩国、哈萨克斯坦、新加坡等国家加强合作

从国内媒体和网民关注的国家和领域看，印度、俄罗斯、韩国、哈萨克斯坦、新加坡最受期待，汽车、铁路、煤炭、电力、通信等领域关注度最高（见图11、图12）。"一带一路"为陕西和印度合作搭建"黄金桥"、"中俄丝路创新园"促进陕西省和俄罗斯贸易合作关注较多。

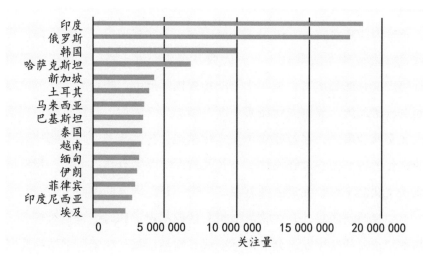

图 11　国内媒体和网民最期待与陕西开展合作的"一带一路"国家

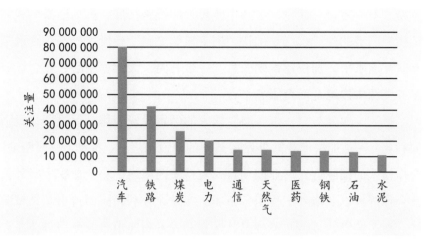

图 12 国内媒体和网民最为关注的陕西参与"一带一路"建设领域

四、专家建议

为进一步推动陕西省深度融入"一带一路",全面拓展陕西省对外开放的广度和深度,打造内陆改革开放新高地,建议如下:

第一,加强与西部省区市的协同发展,发挥比较优势推动区域对外开放。一是综合考虑区域发展总体规划以及自身发展需求,加强与西部地区各省区市的产业协同、错位发展,明确自身优势,打造内陆改革开放新高地。二是充分利用陕西自贸区、国际港务区、货运班列等载体和平台,培育建设产业集群发展带,建立西部地区联合对外合作交流平台,加强区域口岸合作等。

第二,充分利用独特区位优势,加强立体丝绸之路大通道建设,重点发展多式联运的互联互通网络。一是充分利用陕西区位优势,推进"陆、空、信息、管道"立体丝绸之路,建立新亚欧大陆桥快速交通干道,推动综合立体交通网的形成。二是提升陕西物流大通道通行能力,完善与沿海港口、沿边城市的通关合作,加快电子口岸和国际贸易"单一窗口"建设，支持中欧班列的线路拓展，推动陆海多式联运物流网络的建设。三是加快"网上丝绸之路"建设，提高国际通信互联互通水平，加快建设陕西省"一带一路"大数据中心，整合已有服务资源构建综合商贸服务平台。

第三，加强与"一带一路"国家的经贸投资合作，促进贸易投资便利化。一是加快产业海外发展基金的建设与运营，推动"一园两地"合作模式的国际合作产业园项目，支持陕西境内优势企业扩大对外投资合作规模以及境外工程承包市场。二是充分利用陕西自由贸易试验区、海关监管区域等政策优惠，建立和完善跨境电子商务服务体系和管理机制，培育孵化外贸企业，扩大进出口贸易规模。

第四，发挥历史文化、科教人才优势，推动陕西与"一带一路"国家的民心互通，提高协同创新能力，加快"走出去"步伐。一是积极探索内陆与"一带一路"国家的人文交流新模式，通过签订旅游合作框架协议、国际旅游展会等方式深化国际旅游合作，深挖旅游资源，创新特色旅游品牌。二是发挥陕西科教资源丰富的优势，通过与相关国家共建国际科技合作产业基地、协同创新研究及信息共享平台，加强科技合作与交流。三是鼓励有条件的企业与"一带一路"国家合作开发新技术、新产品，提升产业层次、产品质量、科技含量。

广西参与"一带一路"建设进展及潜力

近年来，广西充分利用沿海、沿边、沿江的区位优势，积极融入"一带一路"建设，围绕"一廊两港两会四基地"，全面构建衔接"一带一路"的重要枢纽、产业合作基地、开放合作平台、人文交流纽带和区域金融中心，建设"一带一路"有机衔接重要门户，发展成效显著且未来潜力巨大，引发社会各界的高度关注。

一、广西参与"一带一路"建设取得积极进展

（一）定位和方向逐渐明确，配套政策不断细化

2015 年 8 月，广西成立推进"一带一路"有机衔接重要门户工作领导小组；2015 年 12 月，自治区党委、自治区人民政府印发《广西参与建设丝绸之路经济带和 21 世纪海上丝绸之路实施方案》；2016 年 6 月，自治区推进"一带一路"有机衔接重要门户工作领导小组办公室出台了《广西参与建设丝绸之路经济带和 21 世纪海上丝绸之路的思路与行动》，明确阐述广西参与"一带一路"建设的重点合作领域以及合作机制平台；2017 年 4 月，习近平总书记视察广西，对广西发展和融入"一带一路"建设做出重要指示，广西出台了《贯彻落实习近平总书记视察广西重要讲话精神积极融入"一带一路"建设》，明确表示要立足独特优势，在参与"一带一路"建设中迈出坚实步伐。此外，其他配套政策及具体落地建设文件也陆续出台，为广西全面融入及参与"一带一路"建设提供优良的政策支撑环境。

（二）南向通道建设加快推进，南北大动脉正在打通

广西充分发挥其与东盟国家陆海相连的区位优势，利用港口、边境口岸、出境公路、铁路、国际航空枢纽等渠道，推进与东盟、欧洲的南向通道建设，辐射西南中南地区对外开放，成为衔接"一带"与"一路"的国际陆海联动新通道。

以北部湾港口为依托，贯通南北海铁联运国际大通道逐渐畅通。北部湾港包括钦州港、北海港和防城港，内外贸航线 44 条，其中外贸航线 29 条，与 7 个东盟国家 47 个港口建立海上运输往来，吞吐能力达 2.4 亿吨，2017 年北部湾港累计完成货物吞吐量 1.565 亿吨，同比增长 12.1%。渝桂新、陇桂新、"蓉欧＋"东盟等国际海铁联运班列相继开行，中新互联互通南向通道建设不断加强，实现陆上与海上有机衔接。

国际性口岸与东盟国家南向陆路通道的联通建设进展可喜。广西高速公路建成"出海出边出省"通道 22 个，凭祥、东兴、靖西、那坡等广西毗邻东盟的主要边境地区均已修通高速公路。此外，广西也致力于加强口岸的开放发展能力，通关便利化程度进一步提高，成为西部地区国际贸易"单一窗口"的启动首例。

连接广西与东盟的空中走廊建设不断加快。广西民航各机场飞行国际客运航线 30 条，可通航 10 个国家的 20 个城市，其中东盟航线达 26 条，与东盟十国、日韩等均已实现常态化通航，运送出入境旅客 125.6 万人，东盟国际航线数和通航城市数位列全国第五。

（三）向海经济不断深化，跨境合作园区是亮点

广西对外贸易增长势头强劲，与"一带一路"国家贸易活跃。2013—2017 年广西对全球贸易总体保持增长趋势（见图 1），2017年贸易额达 568.34 亿美元，对"一带一路"国家贸易额为 264.73 亿

美元,占广西对外贸易的46.58%。越南、泰国、沙特阿拉伯、阿联酋、南非是广西的前五大"一带一路"贸易伙伴国(见图2)。

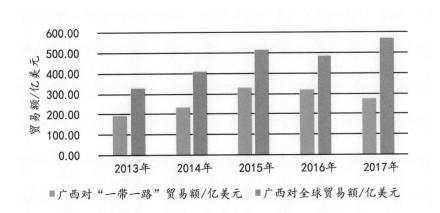

注:数据来源于海关总署。

图1 2013—2017年广西对"一带一路"、全球贸易额

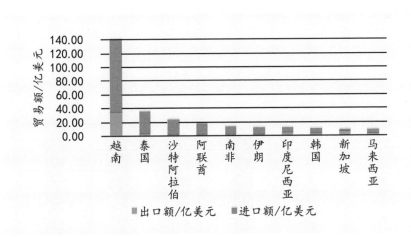

注:数据来源于海关总署。

图2 2017年广西与前十大"一带一路"贸易伙伴国的进出口额

189

对外投资合作总体保持增长态势，以东盟为代表的"一带一路"国家成为合作重点。广西核准企业境外投资数量虽然有所下降，但中方协议总投资额保持增长态势（见图3），2017年达到17.1亿美元，同比增长8.85%。其中，对东盟国家中方协议投资8.34亿美元，占比48.77%。对外承包工程方面，2015—2017年，广西对外承包工程额也保持稳定增长（见图4），2017年新签合同额9.37亿美元，同比增长17.86%；完成营业额6.88亿美元。

注：数据来源于广西壮族自治区商务厅。

图3　2013—2017年广西对外投资情况

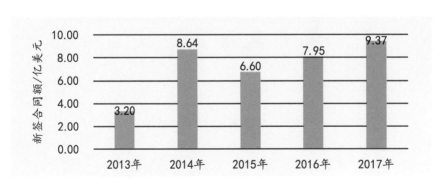

注：数据来源于广西壮族自治区商务厅。

图4　2013—2017年广西对外承包工程新签合同额

跨境合作园区成广西与"一带一路"国家产能合作的重要平台。广西积极打造与"一带一路"国家特别是东盟国家的跨境经贸合作区建设，目前已与东盟8个国家建立国际合作园区。其中，中马钦州产业园区和马中关丹产业园区共同开创的"两国双园"国际产能合作新模式，成为我国与"一带一路"国家合作的示范性项目，截至2017年年底，马中关丹产业园区共有10个项目签订入园投资协议，投资额超245亿元人民币。

（四）人文交流合作更加深入，旅游业发展驶入快车道

留学生、教育培训等教育合作不断加强。广西积极开展中外合作办学，依法设立及通过复核的中外合作办学机构和项目数量达17个，由广西筹建的中国—东盟联合大学等项目也在扎实推进；建立了9个中国—东盟教育基地（中心），牵头成立中国—东盟边境职业教育联盟。

发挥华人华侨力量，增进相互了解。广西是全国第三大侨乡，祖籍广西的国外华侨华人有700多万，分布在100多个国家和地区。广西重视增进与华人华侨的教育互动，广西华侨学校、广西师范大学等学校建立了24所专门的华文教育基地。

旅游业驶入发展快车道，国际友好城市"朋友圈"持续拓展。2013—2017年，广西入境旅游人数和国际旅游收入始终保持强劲的增长势头（见图5），2017年全年入境过夜游客512.44万人次，同比增长6.20%；国际旅游外汇收入23.96亿美元，同比增长10.72%。广西积极拓展国际友好城市，广西已与国外城市建立107对友好城市关系，居全国第四位，其中东盟53对，位居全国第一位。

注：数据来源于 2013—2017 年广西壮族自治区统计公报。

图 5　2013—2017 年广西入境过夜游客数量和国际旅游外汇收入情况

二、国外舆论高度关注广西"一带一路"建设，经贸、旅游等领域合作最受期待

（一）广西参与"一带一路"建设获广泛支持

从关注趋势看，国外媒体和网民对广西推进"一带一路"建设保持较高关注，其中中国—东盟博览会、中国—新加坡互联互通南向通道海铁联运常态化班列（北部湾港—重庆）首次实现双向对开等事件引起舆论的关注高峰。从情绪倾向看，国外媒体和网民积极情绪逐年攀升，2017 年升至 35.07%（见图 6），但也有网民认为广西在发展交通运输和信息网络等基础设施、贸易便利化特别是通关便利化等方面还有待加强。

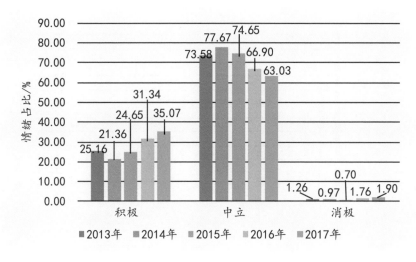

图 6　国外媒体和网民对广西参与"一带一路"的情绪变化

（二）欧美和东盟国家保持密切关注，与东盟关系、经贸合作成热点话题

从关注国家看，美国、德国、新加坡、英国、越南、印度尼西亚等欧美及东盟国家对广西参与"一带一路"建设较为关注（见图7），广西与东盟的关系、经贸合作等成关注焦点（见图8），不同国家关注点各有侧重：一是美国、英国等国家关注广西在"一带一路"中的独特地位及广西参与大湄公河次区域经济合作。二是德国等国家关注与广西的合作机会，如德国媒体关于中国广西投资环境暨加工贸易推介会的报道等。三是新加坡、越南等东盟国家关注与广西的经贸务实合作，如越南媒体报道称广西已成为中国和越南合作的典范地区之一，中国南宁—越南河内跨境集装箱直通运输班列的开通开辟了两国新的物流通道。

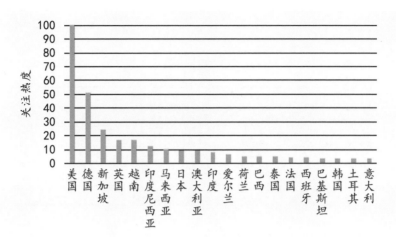

图 7　关注广西参与"一带一路"建设的主要国家

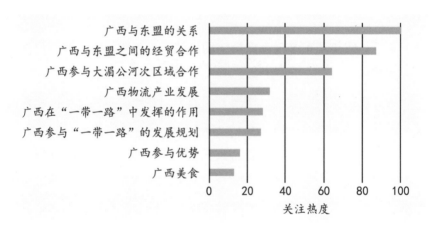

图 8　国外媒体和网民对广西参与"一带一路"建设讨论的热点话题

（三）园区、旅游、通信、港口、钢铁等领域合作受期待

从关注领域看，园区、旅游、通信、港口、钢铁等十大领域最受期待，美国、德国、日本、法国、英国等国家讨论较多（见表1）。其中，美国、德国对所有行业均较为关注，其余国家关注的重点领域有所不同。

表 1　国外媒体和网民讨论较多的广西十大领域

关注热度排名	领域	最关注国家①
1	园区	美国、德国、印度、英国、印度尼西亚
2	旅游	美国、新加坡、德国、印度尼西亚、英国
3	通信	美国、德国、印度、澳大利亚、日本
4	港口	美国、德国、法国、英国、印度尼西亚
5	钢铁	美国、新加坡、德国、俄罗斯、德国
6	农业	美国、德国、法国、日本、印度
7	环境保护	美国、德国、日本、英国、法国
8	建材	美国、德国、西班牙、法国、英国
9	化工	新加坡、美国、德国、西班牙、日本
10	动漫	美国、日本、德国、西班牙、法国

　　从细分行业看，国外媒体和网民对广西工程机械和建材行业关注最高，如广西柳工集团有限公司、广西建工集团有限责任公司、广西玉柴机器集团有限公司的国外知名度较高，此外电网、烟草、投资咨询、农垦、乳制品等也是国外较为关注的行业，广西企业"走出去"前景可期。从具体品牌看，桂林三花酒、桂人堂、玉林、玉柴、柳工等已经成为享誉国际的广西特色品牌（见表 2）。

表 2　最受国外媒体和网民关注的广西十大品牌和企业

关注热度排名	品牌	企业	关注热度排名	品牌	企业
1	桂林三花酒	广西柳工集团有限公司	4	玉柴	广西中烟工业有限责任公司
2	桂人堂	广西电网有限责任公司	5	柳工	银河天成集团有限公司
3	玉林	广西建工集团有限责任公司	6	花桥	皇氏集团股份有限公司

---

① 国家根据关注热度高低依次排序。

（续表）

关注热度排名	品牌	企业	关注热度排名	品牌	企业
7	花红	广西投资集团有限公司	9	明阳	广西玉柴机器集团有限公司
8	华力	广西农垦集团有限责任公司	10	古岭神酒	广西金融投资集团有限公司

（四）桂林山水、象山等景点和马蹄糕、桂林米粉等小吃广受青睐

近年来，广西壮族自治区党委、政府高度重视旅游业发展，把旅游业作为战略性支柱产业培育，全区旅游市场保持较快增长态势，旅游综合实力不断增强。桂林山水、象山（象鼻山）、涠洲岛、漓江、德天瀑布等是国外热议的热门旅游景点，马蹄糕、桂林米粉、柳州螺蛳粉、巴马香猪、阳朔啤酒鱼等特色小吃也备受关注（见表3）。

表3　最受国外媒体和网民关注的广西十大旅游景点和特色小吃

关注热度排名	旅游景点	特色小吃	关注热度排名	旅游景点	特色小吃
1	桂林山水	马蹄糕	6	阳朔西街	玉林云吞
2	象山（象鼻山）	桂林米粉	7	银子岩	宾阳白切狗
3	涠洲岛	柳州螺蛳粉	8	独秀峰	柠檬鸭
4	漓江	巴马香猪	9	青秀山	玉林牛巴
5	德天瀑布	阳朔啤酒鱼	10	大明山	梧州龟苓膏

三、国内舆论广泛支持广西"一带一路"建设，旅游、铁路、农业等潜力巨大

（一）广西参与"一带一路"建设进展和成效引发普遍关注

从关注趋势看，国内媒体和网民对广西参与"一带一路"建设的关注呈逐年上升趋势，2016年9月，以"共建21世纪海上丝绸之路，

共筑更紧密的中国—东盟命运共同体"为主题的第十三届中国—东盟博览会、中国—东盟商务与投资峰会在广西南宁举行，引起媒体广泛报道和网民热烈讨论（见图9）。

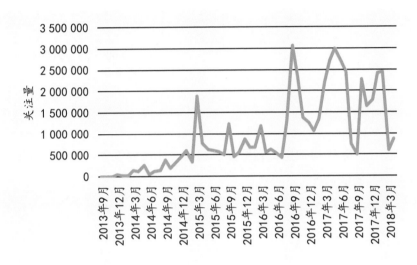

图9 国内媒体和网民对广西参与"一带一路"建设的关注趋势

（二）对外开放合作平台建设、借力"一带一路"促进贸易增长讨论最多

国内媒体和网民对广西建设对外开放合作平台的关注度最高（见图10）。2004年以来，广西连续成功举办的14届中国—东盟博览会、中国—东盟商务与投资峰会已成为中国—东盟重要的开放合作平台，在增强政治互信、推动经贸合作和文化交流方面已经形成品牌效应。另外，广西在对接东盟、不断完善开放合作体制机制过程中，正在形成一批新的区域合作平台，如中越跨境经济合作区、中马"两国双园"、文莱—广西经济走廊，这些合作项目都有力促进了中国与东盟资源、技术、人才等要素的高效配置。

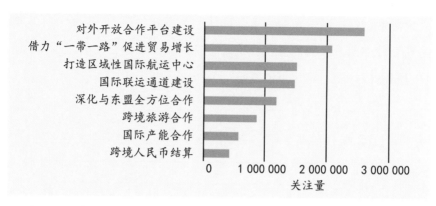

图 10　国内媒体和网民对广西参与"一带一路"建设讨论的热点话题

（三）未来可加强与俄罗斯、泰国、印度等国家在旅游、铁路、农业等领域的合作

从国内媒体和网民关注广西与"一带一路"国家的合作看，俄罗斯、泰国、印度、新加坡、越南最受关注，排名前十的国家中有六个是东盟国家，旅游、铁路、农业、汽车、港口等领域关注度最高（见图 11、图 12）。

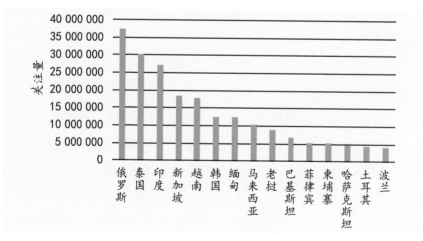

图 11　国内媒体和网民最期待与广西开展合作的"一带一路"国家

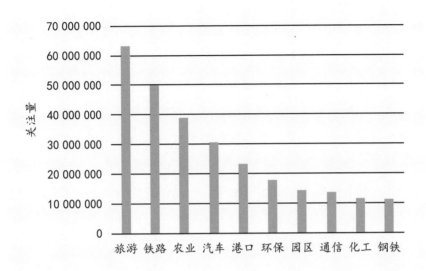

图 12　国内媒体和网民认为最有潜力开展合作的广西十大领域

四、专家建议

为继续发挥广西面向东盟的独特区位优势，进一步推动广西深度融入"一带一路"建设，我们提出如下建议：

第一，进一步完善和细化广西参与"一带一路"建设的相关政策和机制。一是根据"一带一路"最新进展及广西现状，有针对性地出台每年行动计划；完善细化具体领域的政策文件，使其配套推进"一带一路"建设；鼓励各市县配套出台实施方案，形成多层次、全方位推进"一带一路"建设的政策支撑体系。二是更加积极主动地落实对外开放政策，继续完善各项对外开放机制，实施积极主动的高水平对外开放。

第二，加快构建南北陆路新通道，发挥广西"一带一路"有机衔接的重要门户作用。一是加强广西与西南中南地区的衔接和区域间合作，推进广西承接珠三角产业梯度转移升级，打造西南中南地区出海的重要战略支点。二是不断加快国际大通道建设，特别是中新（新加坡）战略性互联互通示范项目"渝桂新南向通道"，建设中国—东盟港口城市合作网络，完善北部湾港口基础设施。三是建设中国—东盟信息港，以南宁作为跨境电商综合区，构建基础设施、技术合作、信息共享等服务平台，着力打造与东盟国家的"信息丝绸之路"。

第三，加强广西与"一带一路"国家的经贸合作，促进贸易投资便利性，提升外贸和招商引资水平。一是促进广西新兴产业的发展和传统产业升级，努力推进广西外贸结构调整，提升外贸综合平台服务能力，扩大利用外资规模和水平。二是继续建设发展跨境经济合作区，推进跨境劳务合作、市场采购贸易等试点，推进边民互市贸易发展升级。三是优化口岸关检机制，提供更便利的商贸、海关、质检服务，发挥广西面向东盟门户口岸的巨大优势，做大做强广西口岸经济产业。

第四，持续推进广西沿边金融改革，促进跨境金融互联互通，构建广西参与"一带一路"建设金融服务保障体系。一是充分挖掘"沿边"价值，打造中国—东盟跨境金融合作平台和信息交流共享机制，不断扩大广西与东盟等"一带一路"国家的金融业相互开放。二是不断推动人民币跨境业务发展，扩大人民币跨境结算范围和比例，鼓励广西各类金融机构积极参与沿边金融改革，创新跨境金融服务，推动跨境人民币从传统跨境人民币向跨境金融综合服务转型，支持广西对外合作项目使用人民币结算。

大连参与"一带一路"建设进展及潜力

大连是区域经贸往来的桥头堡和国际海陆联运枢纽，是东北三省和内蒙古东部地区进出口的海上大门，舆论普遍认为，在推进"一带一路"特别是 21 世纪海上丝绸之路建设中，大连具有独特的区位优势、产业优势及外贸优势。

一、大连积极参与"一带一路"建设成效初显

（一）"一带一路"相关文件陆续出台，政策环境不断完善

2016 年 4 月，大连市"十三五"规划明确提出，积极融入国家"一带一路"倡议，加强与"一带一路"国家开展经贸合作，推动大连企业积极参与国际产能合作。2016 年 9 月，《大连市对接"一带一路"战略构建开放新格局发展规划（2016—2020 年）》正式发布，进一步细化了大连市参与"一带一路"建设的具体方案，提出了"从'开放大市'向'开放强市'跃升，成为面向东北亚开放合作的战略高地"的发展目标。此外，相关配套政策文件也陆续出台，如《大连市人民政府关于加快培育外贸竞争新优势的实施意见》《大连高新区鼓励和支持跨境电子商务发展和外贸出口的若干意见》等，为大连市全面融入"一带一路"建设提供了良好的政策保障。

（二）海铁联运跨境通道建设加快推进，互联互通水平进一步提升

近年来，大连市依托自身优势，积极助力"一带一路"建设，正全力打造"辽满欧"班列、"辽海欧"班列、"辽蒙欧"班列、"辽

新欧"班列等国际海铁联运大通道，实现与欧亚国家之间的互联互通。2016 年大连港开行"三星班列"，同时还开行了全国第一个冷链班列、"辽满欧"第一个商品车班列等。2017 年，大连市共发送中欧班列 438 列，集装箱量同比增长达 97.8%，达 3.5 万标箱，其中回程箱量增长高达 284%。

大连市拥有东北地区最大的港口——大连港，货物吞吐量和集装箱吞吐量优势明显。从海运航线看，截至 2017 年年底，大连市已拥有集装箱班轮航线 108 条，其中外贸航线 86 条，覆盖全球主要贸易区。从港口货物吞吐量来看，近五年大连港港口货物吞吐量总体呈上升趋势（见图 1），2017 年达 45 105 万吨，在中国主要沿海港口中排名第七（见图 2），在东北地区排名第一。从外贸货物吞吐量占比看，2017 年大连港外贸货物吞吐量占比为 33.67%（见图 3），较 2016 年上升 2.10 个百分点，外贸运输优势逐渐显现。

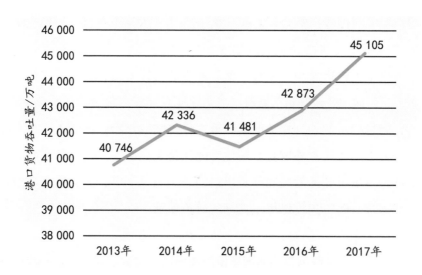

注：数据来源于交通运输部。

图 1　2013—2017 年大连港港口货物吞吐量

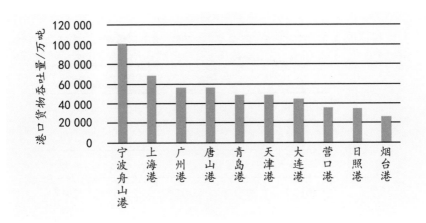

注：数据来源于交通运输部。

图 2　2017 年中国沿海主要港口货物吞吐量

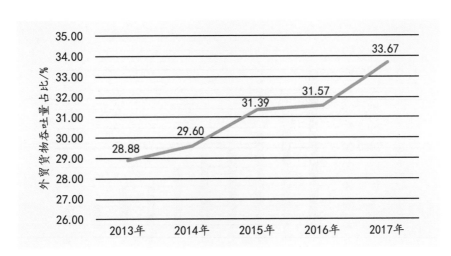

注：数据来源于交通运输部。

图 3　2013—2017 年大连港外贸货物吞吐量占比变化情况

从港口集装箱吞吐量来看，大连港集装箱吞吐量在 2015 年回落后保持上升趋势，2017 年达 970 万标箱，在我国主要沿海港口中排名第八（见图 4、图 5）。

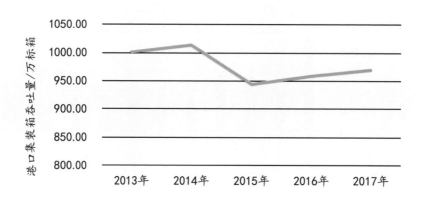

注：数据来源于交通运输部。

图 4   2013—2017 年大连港港口集装箱吞吐量

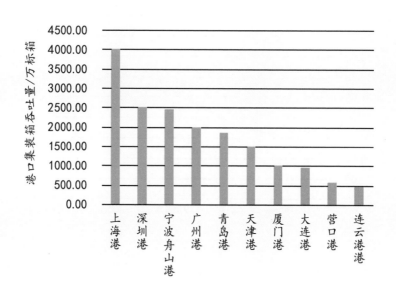

注：数据来源于交通运输部。

图 5   2017 年中国沿海主要港口集装箱吞吐量

航空客运能力持续增强。2017 年航线总数达到 210 条，其中境内航线 174 条，国际和港澳台地区航线 36 条，与 116 个国内外城市通航。2014—2017 年大连市航空旅客周转量逐年增长（见图 6），2017 年达到 109.10 亿人千米；2017 年机场旅客吞吐量再创新高，达到 1750 万人次。

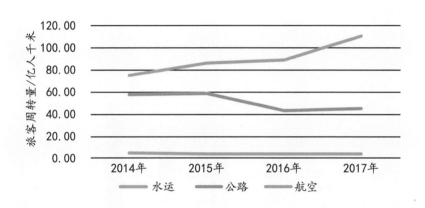

注：数据来源于大连市统计局。

图 6　2014—2017 年大连不同方式旅客周转量情况

（三）对外贸易与投资合作水平不断提高，软件和服务外包优势明显

2013—2017 年，大连市对外贸易额占辽宁省对外贸易总额的比例均超过 55%，其中 2017 年，进出口额 4132.2 亿元人民币，占辽宁省外贸额的 61.3%，增长 21.7%，主要出口市场是日本、美国、韩国、欧盟和东盟。从贸易方式来看，大连市进口以一般贸易为主，对外出口以加工贸易为主，2016 年加工贸易出口额扭转下降趋势同比增长 8.99%。

　　软件和服务外包产业发展迅速。作为第一个国家"服务外包基地"城市，大连市软件和服务外包业在历经 20 年的发展后成效显著，2016 年产业总体收入 1015 亿元人民币，离岸服务外包合同金额 31.67 亿美元，服务外包企业数量、从业人员数量总体也呈上升趋势（见图 7）。业务的广度和深度不断升级，业务结构也从最初的软件技术服务向全球交付和共享服务中心转化。其中大连高新区是全国 129 家国家级高新区中唯一一家"发展软件及信息技术服务外包产业的先行示范区"。

注：数据来源于大连市统计局。

图 7　2012—2016 年大连服务外包企业和从业人员数量

　　吸引外资和国外项目投资成效显现。2013—2017 年大连市实际使用外商直接投资呈逐年上升趋势（见图 8）。2013—2016 年，大连市核准境外投资项目数量和中方总投资金额总体保持增长趋势（见图 9），2016 年境外投资项目数量为 140 个，较 2013 年增长 42.86%，中方总投资金额达 32.3 亿美元，是 2013 年的 1.3 倍。对外承包工程营业额 6.8 亿美元，同比增长 6%。

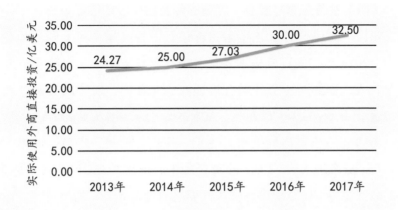

注：数据来源于商务部。

图 8　2013—2017 年大连实际使用外商直接投资

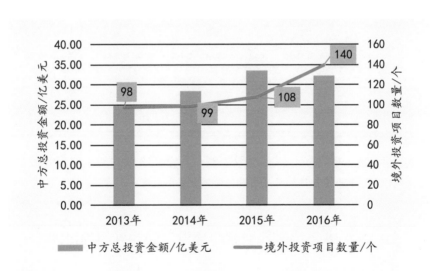

注：数据来源于大连市统计局。

图 9　2013—2016 年大连境外投资金额和项目数量情况

（四）金融业蓬勃发展，区域国际金融中心地位逐渐形成

2012—2016 年，大连金融指标运行平稳且呈逐年上升的趋势。其中，2016 年，银行机构本外币各项存款年末余额、保险业原保险保费收入、证券交易所各类有价证券成交金额、期货成交额分别较 2012 年上升 36.53%、72.68%、308.09%、84.38%（见表 1）。

2018 年，大连连同上海、北京、深圳、广州、青岛、天津、成都共八个城市进入第 23 期"全球金融中心指数（GFCI）"评价体系，大连继续保持中国金融中心整体性崛起的强劲势头，加快推进大连区域性金融中心建设。

表 1　2012—2016 年大连金融业指标表现情况

年份	银行机构本外币各项存款年末余额 / 亿元人民币	保险业原保险保费收入 / 亿元人民币	证券交易所各类有价证券成交金额 / 亿元人民币	期货成交额 / 万亿元人民币
2012 年	10 767.8	160.6	6991.2	33.3
2013 年	11 953.6	176	13 915.6	47.2
2014 年	12 153	199.3	26 182.4	41.5
2015 年	13 864.5	233.4	40 197	41.9
2016 年	14 701.7	277.32	28 530.1	61.4

注：数据来源于大连市统计局。小数位数原数据中未统一。

二、大连参与"一带一路"建设广受海外舆论好评

（一）美国、日本、韩国等对大连参与"一带一路"建设关注度相对较高

从关注大连"一带一路"建设的国家分布看，美国、日本、韩国、英国、新加坡的关注度最高（见表 2）。

表2 关注大连参与"一带一路"建设的主要国家

关注热度排名	国家	关注热度排名	国家
1	美国	11	俄罗斯
2	日本	12	法国
3	韩国	13	加拿大
4	英国	14	菲律宾
5	新加坡	15	西班牙
6	德国	16	爱尔兰
7	马来西亚	17	土耳其
8	印度尼西亚	18	意大利
9	印度	19	泰国
10	澳大利亚	20	荷兰

（二）大连港的国际中转服务受到好评

从国外媒体和网民对大连参与"一带一路"建设的情绪占比看，态度总体较为正面，以中立和积极情绪为主，其中积极情绪占比26.72%（见图10），认为大连港是韩国—俄罗斯铁路货运的中转枢纽，在与周边国家互联互通方面起到重要作用。特别是中国重视北极航线的发展，发布了《中国的北极政策》，建设冰上丝绸之路，大连港将在其中发挥重要作用，从中国大连港到鹿特丹的时间将大大缩短。

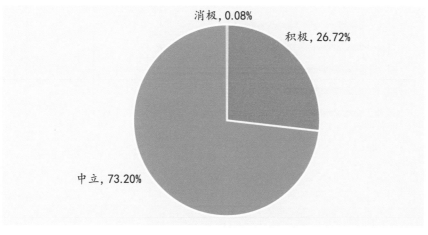

图10 国外媒体和网民对大连参与"一带一路"的情绪占比

（三）大连港口重要枢纽作用、国际货运铁路等话题受到国外媒体和网民热议

对于大连参与"一带一路"建设，国外媒体和网民最为关注大连港口重要枢纽作用，认为大连港作为蒙古国、俄罗斯等国家面向太平洋和外部世界的重要海上门户之一，处于该区域国际航运中心的关键位置，在国际贸易和国内物资交流方面起着重要的作用。此外，大连国际货运铁路建设也引起较多讨论，大连港作为中蒙俄国际大通道的起点，陆上运输覆盖东北三省和内蒙古东部，以及俄罗斯、蒙古国、中业、欧洲，近年来开通的多条跨境班列运输通道加速了"一带一路"国家的货物交流。在合作领域方面，国外媒体和网民对港口、旅游、园区、物流、航空等领域关注热度较高（见图11）。

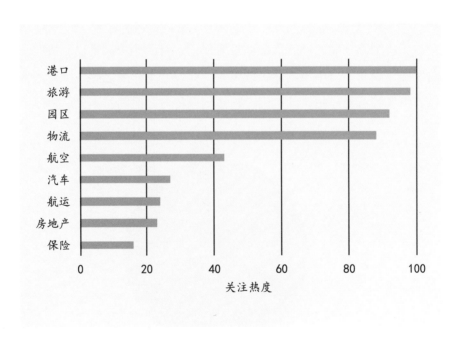

图 11　国外媒体和网民对大连"一带一路"合作领域的关注情况

三、国内舆论看好大连参与"一带一路"建设

（一）超七成媒体和网民认为大连凭借区位和良港等优势在"一带一路"建设中发挥积极作用

在《推动共建丝绸之路经济带和 21 世纪海上丝绸之路的愿景与行动》中，大连成为我国推进"一带一路"建设的重点港口城市之一，引起国内媒体和网民对大连的关注。其中，71.42% 的媒体和网民对大连参与"一带一路"建设持积极态度（见图 12），认为：一是大连具有独特的区位优势和天然不冻的深水良港，可借助港口资源和航线优势及多年海铁联运经验，在"一带一路"建设尤其是 21 世纪海上丝绸之路上大有可为。二是大连作为东北对外开放的重要口岸，积极建设国际联运双向通道，将引领东北地区产业经济格局变革，推动东北区域经济更好地参与国际分工与协作，有效促进经济转型升级。三是大连市软件等服务贸易迅速发展，金融支撑能力和国际影响力不断增强，例如服务"一带一路"的中国—国际货币基金组织联合能力建设中心在大连正式启动。

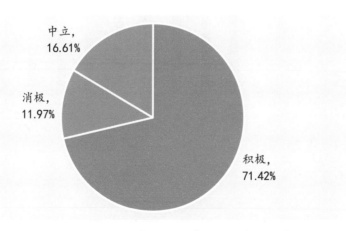

图 12　国内媒体和网民对大连参与"一带一路"建设的情绪占比

（二）"一带一路"助力大连构建对外开放新格局等话题最受媒体和网民关注

从讨论话题看，"一带一路"助力大连构建对外开放新格局成为媒体和网民讨论最热烈的话题，媒体和网民认为"一带一路"倡议为大连推进新一轮对外开放提供了重大机遇，作为 21 世纪海上丝绸之路的关键节点，积极融入"一带一路"建设，加强与"一带一路"国家经贸合作，将进一步促进大连更好地发挥东北地区对外开放的龙头和窗口作用，拓展大连对外开放的布局范围。其他讨论较多的话题还有大连港助推东北地区深度开发、打造国际海铁联运大通道、提升大连企业品牌影响力和国际竞争力、探索大连自贸区建设等。从合作领域看，金融的关注度最高（见图 13），其次为旅游、港口等领域。

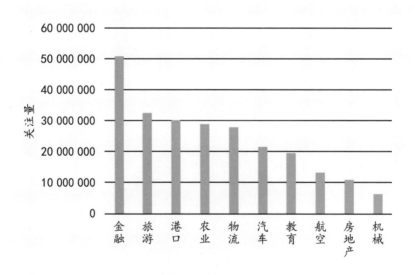

图 13　国内媒体和网民对大连"一带一路"合作领域的关注情况

（三）期待大连与日本、俄罗斯、韩国等国家开展深入合作

在期待与大连合作的国家中，日本、俄罗斯、韩国等国家的关注度较高（见表3），媒体和网民认为：一是大连应加快融入沿渤海、黄海的港口联盟，加强与日本、韩国、东盟各国等港口的"无缝式对接"，将大连打造成欧亚各国贸易的中转港。二是大连市应抓住韩国"欧亚倡议"和中韩自贸协定的签署优势，建设中韩自贸区地方合作典范。三是大连市中欧班列发展顺畅，同时还开行了全国第一个冷链班列、"辽满欧"第一个商品车班列等，全面开启中韩俄国际物流大通道，促进与欧洲、东盟、日韩的国际贸易。四是大连应继续积极拓展东盟航空市场，加大开往东盟国家的航班密度，促进旅游文化交流。

表3　国内媒体和网民最期待与大连开展合作的国家

关注量排名	国家	关注量排名	国家
1	日本	11	马来西亚
2	俄罗斯	12	伊拉克
3	韩国	13	黑山
4	蒙古国	14	菲律宾
5	印度	15	乌克兰
6	朝鲜	16	马尔代夫
7	泰国	17	巴基斯坦
8	新加坡	18	土耳其
9	伊朗	19	缅甸
10	越南	20	哈萨克斯坦

四、专家建议

大连应紧紧抓住国家"一带一路"、新一轮东北老工业基地振兴及辽宁沿海经济带开发开放等重大机遇，加快打造参与国际合作和竞争的新优势，在更大范围、更广领域和更高层次开放发展。

第一，继续完善"一带一路"的政策环境与配套措施，优化开放合作机制。一方面，在"一带一路"框架规划下，充分利用自身区位优势和港口资源，制定对接"一带一路"的外贸、物流、金融等具体合作领域的政策措施，拓展对外开放的广度和深度，搭建促进对外经济、社会、文化合作的综合平台。另一方面，加强与"一带一路"国家的需求对接，展开全方位合作，根据各自产业优势和发展需求，创新产业互补合作新模式。

第二，积极推进大连区域国际航运中心建设，提升大连港口核心枢纽作用。一是推进港航基础设施建设，实现机场、港口、铁路、公路等综合交通体系无缝对接，全面提升货物相互转运效率。二是优化港口布局，提升核心港区服务能力，培育区域国际航运交易市场，完善物流中心集疏运体系。三是依托港口资源优势、航线优势及多年海铁联运经验，全力推进中欧班列联运通道建设，实现欧亚之间的互联互通，积极发展海铁联运跨境业务。

第三，大力发展服务贸易，积极推进基于"互联网+"的新产业新业态，培育外贸竞争新优势。一是借助自贸区政策，向高端航运服务业、信息化、电子商务等方面转型升级，大力发展服务贸易，全面培育外贸竞争新优势。二是积极推进中国（大连）跨境电子商务综合试验区建设，构建基于互联网的制造业"双创"平台，引导传统工业与新技术的融合发展，通过"互联网+"延展传统工业的自身价值，推动生产制造向服务制造转型。

第四，利用夏季达沃斯论坛等机制和平台，全面扩大对外人文交流，不断提升自身国外影响力。夏季达沃斯论坛是大连对外传播的一个重要渠道，大连可充分发挥该论坛的带动力，开展国际经贸文化交流的活动；发展跨境自驾游、观光游、商贸游等，推动面向日韩蒙俄等国家的跨境旅游发展，促进人文交流。

Abstract

In September and October, 2013, Chinese President Xi Jinping proposed a Silk Road Economic Belt and a 21st-Century Maritime Silk Road, respectively, together now referred to as the Belt and Road Initiative (B&R) , attracting considerable attention from the international community and winning a positive response from the countries involved. Five years on, China adheres to the principle of achieving shared growth through discussion and collaboration, constantly expands cooperation and consensus with the B&R countries, and works to translate the initiative from plan to cooperative action with the participation of all parties involved. So far, China has signed 103 cooperative agreements regarding to the initiative with 88 countries or international organizations. A list of 279 concrete results formed in the Belt and Road Forum for International Cooperation, 255 results of which have been converted into normalization work, and 24 results of which are being promoted in an orderly manner. Some major projects achieved early harvest, cooperation in trade and manufacturing investment continued to deepen, cooperation in the field of financial services was strengthened, and cultural exchanges gradually expanded. China is working with the people of all countries to practice the solemn promise to promote the community of shared future for mankind with rich and concrete results.

Information is an important decision-making basis for advancing the construction of the B&R and for enhancing understanding, expanding consensus, and deepening cooperation with related countries in international exchanges. The collection and dissemination of the B&R related information will effectively support the decision-making, building a fast and smooth information Silk Road and promote interconnection among the countries along the road. To support the construction of the B&R, State Information Center (SIC) has set up the Belt and Road Initiative Big Data Center in 2015. Under the guidance of the national leading group for Advancing the Building of the Belt and Road Initiative, the Belt and Road Initiative Big Data Center focuses on the service for the B&R development, development of the B&R application and collecting B&R information, then building the B&R database. The official website of the Belt and Road Initiative (www.yidaiyilu. gov.cn) has been launched and proposed the Belt and Road Initiative evaluation system based on big data technology. In addition, SIC published The Belt and Road Big Data Annual Reports in 2016 and 2017, which gained wide attention and praise from all social circles. The features of *The Belt and Road Big Data Annual Report (2018)* are continuous tracking, comprehensive evaluation and detailed data. In addition, the big data annual report in-depth interprets with graphics, which is easy-to-understand.

The Report contains three chapters.

Chapter 1 is a summary report drawn on a series of important harvests that the B&R has achieved in the last five years. Big data shows that the construction of the B&R has gradually entered a new stage of deep carving of "Gongbi" from the macroscopical depiction of "Xieyi". On the one hand, the international influence of the B&R has reached a new height. The international community has been paying increasing attention to the B&R, and more countries from Asia, Europe, Africa and Latin-America have participated in the initiative. Compared with similar development strategies of other countries, the B&R enjoys higher support. The focus of foreign internet public opinion has gradually changed from macro-strategy to practical cooperation. On the other hand, the connectivity projects of the B&R have lifted to a higher level.

To be specific, the mutual political trust between China and the B&R countries has been continuously deepened, further enhancing policy coordination. The infrastructure network connecting all countries involved in the initiative has been significantly improved. Railway and port projects are steadily advancing, and China-Europe freight trains are also growing rapidly. The economic and trade cooperation has continued to deepen, the scale of trade and investment cooperation between China and countries involved in the initiative have generally maintained a stable growth, and overseas economic and trade cooperation zones have achieved remarkable results. Development and policy-based finance institutions have been taken more part in the B&R financial cooperation activities. Bilateral and multilateral investment and financing mechanisms and platforms have developed rapidly. Public support for the implement of the Belt and Road Initiative has been further consolidated. Cultural exchanges and cooperation in various fields and at different levels have been advanced pragmatically, including science, education, culture and health. At the same time, China's domestic various regions have seized the important opportunity created by the

B&R, and a new pattern of opening-up is initially formed through links running eastward and westward, across land and sea.

Chapter 2 contains six index analysis reports to comprehensively reflect the annual progress of the B&R.

The Bilateral Cooperation Index of the Belt and Road Initiative starts from an international perspective and closely focuses on the five major cooperation priorities proposed by the *Vision and Actions on Jointly Building Silk Road Economic Belt and 21st-Century Maritime Silk Road*. Based on the above, it establishes evaluation model of five dimensions including Policy Coordination, Facility Connectivity, Unimpeded Trade, Financial Integration and People-to-People Bond, which aims to reflect the effectiveness of cooperation between China and B&R countries. The evaluation results show that the level of cooperation has been increasing year by year. Russia, Kazakhstan, Pakistan, Republic of Korea, Vietnam, Thailand, Malaysia, Singapore, Indonesia and Cambodia rounds out the top 10. Russia has topped the list for the last three years, and Kazakhstan and Pakistan continue to rank in the top 5. Regionally, China has the closest cooperation with Asia and Oceania and Central Asia.

The Investment Environment Index of the Belt and Road Initiative contains five factors, Political Environment, Economic Environment, Business Environment, Natural Environment and Diplomatic Relation with China. The index is used to comprehensively reflect the investment environment of the cooperation between China and the B&R countries. As it is shown in the evaluation result, the average score of the index is 61.13, and more than half of the countries score above the average, which are judged to be at comparatively high level. The top 10 list includes Singapore, New Zealand, Republic of Korea, United Arab Emirates, Russia, Indonesia, Poland, Hungary, Vietnam and Czech Republic. The general environment of Asia, Oceania and Eastern Europe is to relatively opt for investment.

The Domestic Regional Participation Index of the Belt and Road Initiative is created from Policy Environment, Facilities Support, Economic and Trade Cooperation, Cultural Exchanges and Comprehensive Impact in the respect of China's domestic regional perspectives. It is used to assess the implementation situation and implementation consequent of the B&R in each region. *The Digital Silk Road Connectivity Index* assesses the construction and cooperation of the Digital Silk Road between China and the B&R countries from four factors, namely Policy Coordination, Facilities Connectivity, Application Communication and Development Potential. *The Think Tank Impact Index of the Belt and Road Initiative* objectively reflects the development and social impact of China's domestic think tanks that engage in the research on the B&R in accordance with Research Result, Communication Platform and Social Impact. *The Media Impact Index of the Belt and Road Initiative* investigates the effect of information dissemination and consensus propaganda of China's domestic media towards the Belt and Road Initiative.

Chapter 3 is a case study about the construction progress and results of China's domestic regions participating in the Belt and Road Initiative, including Chongqing Municipality, Hainan Province, Shaanxi Province, Guangxi Zhuang Autonomous Region and Dalian Municipality.

图书在版编目(CIP)数据

"一带一路"大数据报告.2018/国家信息中心"一带
一路"大数据中心著.—北京：商务印书馆，2018
ISBN 978-7-100-16436-8

Ⅰ.①一… Ⅱ.①国… Ⅲ.①"一带一路"—研究报
告—中国—2018 Ⅳ.①F125

中国版本图书馆 CIP 数据核字(2018)第 172506 号

"一带一路"大数据报告(2018)
国家信息中心"一带一路"大数据中心 著

商 务 印 书 馆 出 版
(北京王府井大街 36 号　邮政编码 100710)
商 务 印 书 馆 发 行
北京中科印刷有限公司印刷
ISBN 978-7-100-16436-8

2018 年 8 月第 1 版　　　　开本 787×960　1/16
2018 年 8 月北京第 1 次印刷　印张 14¼
定价：69.00 元